企业高效管理制度与流程一本通

手把手教你带出精英团队

刘大勇 —— 编著

化学工业出版社

·北京·

《企业高效管理制度与流程一本通——手把手教你带出精英团队》分为上、下两篇：上篇主要讲述与制度有关的理论和技巧，例如，制度对企业的重要性，制度的设置、执行以及监督，员工的考核与沟通等；下篇以流程为核心，介绍了流程管理的现状以及为各项工作建立流程的方法，最后还提到了流程的评估与优化。

本书适合企业的各级管理者阅读，亦可作为培训教材或工具书使用。

图书在版编目（CIP）数据

企业高效管理制度与流程一本通：手把手教你带出精英团队 / 刘大勇编著. — 北京：化学工业出版社，2019.11

ISBN 978-7-122-35178-4

Ⅰ. ①企… Ⅱ. ①刘… Ⅲ. ①企业管理制度-研究 Ⅳ. ①F272.9

中国版本图书馆 CIP 数据核字（2019）第 203234 号

责任编辑：刘　丹　　　　　　　　　　美术编辑：王晓宇
责任校对：张雨彤　　　　　　　　　　装帧设计：水长流文化

出版发行：化学工业出版社（北京市东城区青年湖南街 13 号　邮政编码 100011）
印　　装：三河市延风印装有限公司
710mm×1000mm　1/16　印张 13½　字数 154 千字　2020 年 1 月北京第 1 版第 1 次印刷

购书咨询：010-64518888　　　　　　　售后服务：010-64518899
网　　址：http://www.cip.com.cn
凡购买本书，如有缺损质量问题，本社销售中心负责调换。

定　　价：58.00 元　　　　　　　　　　　　　　　版权所有　违者必究

前言

员工工作效率低下，这是不少企业的管理者苦恼的事情。究其原因，就是管理不到位、方法不正确，企业缺乏健全的制度，没有明确的工作流程。

管理的本质是管人和管事。要想管好人，厘清事，就需要依靠制度和流程。

制度是管理员工、带好团队的利器。制度可以让企业走得更长远，但是，我们应该知道，就算有制度，如果执行不到位或者不执行，又或者制度不合理，依然会事与愿违，甚至会酿成悲剧。企业管理者应该不断完善企业的管理制度，让全体员工都参与到优化制度的过程中，这样才能让员工更好地执行制度。

流程可以让企业的各项事务都有条不紊地进行，但是目前，很多企业并没有实现流程化，即使有，也不科学、不完善，无法达到量化的要求。

在企业的管理当中，流程和制度是相辅相成的关系，如果说制度管人，那么流程也管人；如果说流程管事，那么制度也管事。企业是不能把二者割裂开来对待的。

纵观阿里巴巴、华为、腾讯等大型企业，哪一个不具备体系化的制度和流程？当然，让中小型企业完全复制其模式，既不现实也不可能，但当中的核心要点却非常值得大家学习和借鉴。

制度和流程的重要性已经无需多言，不过当前的实际是，大部分企业的管理者并不知道应该如何开展这方面的工作。很多时候，他们会面临以下几个棘手的问题：没有充分了解制度和流程对企业的作用；没有掌握设置制度的方法；无法把控制度的落地与执行；不知道应该怎样与员工建立联系；缺乏为各项工作建立流程的技巧。

本书正是对这些问题的详细解答，可以帮助读者学习如何做到"制度管人，流程管事"，从而带好团队。笔者把多年的知识积累和实践经验浓缩成这本书奉献给读者。本书不仅阐述了与制度和流程有关的众多理论，还收录了大量的经典案例和精心制作的图表，希望读者可以更好地理解。

由于笔者学识有限，加之时间仓促，疏漏之处在所难免，恳请读者批评指正。

笔者

目录

上篇　制度，才是管人的真正王牌　　1

第 1 章　优秀企业离不开健全的制度　　2

1.1　人管人VS制度管人　　2
1.2　制度的作用究竟是约束还是激励　　3
1.3　可悲，制度何以沦为废纸　　4
1.4　一流企业用制度管人　　5
1.5　制度带领企业走向规范化　　6
1.6　制度面前，人人平等　　8
1.7　制度面前，功劳>苦劳　　9
1.8　别让陈腐的制度浇灭员工的热情　　10
1.9　制度杂乱无章，管理逐渐失控　　11

第 2 章　设置制度是一门很深的学问　　13

2.1　拒绝空洞：符合企业内外实际情况　　13
2.2　取长补短：借他人长处，补自己短板　　14
2.3　积极创新：切勿墨守成规，充分体现个性　　15
2.4　统筹兼顾：既要保证公平又要追求效率　　17
2.5　谨慎对待：坚决避免"朝令夕改"　　17
2.6　头脑风暴：让每一位员工都参与其中　　18
2.7　循序渐进：层次分明，不急于求成　　19
2.8　奖罚分明：奖勤罚懒是永恒的主题　　21
2.9　及时公示：法律之下的利益维护　　22

第 3 章　制度有了，接下来就是抓执行　24

3.1　一流的执行比一流的制度更关键　24
3.2　管理者以身作则，员工更能自觉遵守　26
3.3　将制度变成一个"滚烫的热炉"　28
3.4　重视制度的发布：选好方式+注意事项　29
3.5　做好宣贯工作，突破制度执行瓶颈　32
3.6　学会授权，执行需要有人负责　34
3.7　加强信息化管理，明确制度执行计划　36
3.8　细节制胜，制度执行要从小事着手　37

第 4 章　严格监督，为制度加上一层"保护膜"　39

4.1　"放羊式"管理已经不再适应时代发展　39
4.2　制度可以"温柔"，监督必须严格　41
4.3　员工有犯错的机会，但要把握好次数　43
4.4　剔除"蛀虫"，是在对优秀员工负责任　44
4.5　高度警惕，莫让员工报喜不报忧　45
4.6　员工之间也可以互相监督　47
4.7　坚持到底，不能只做表面文章　48

第 5 章　考核到位，制度执行情况才能衡量　49

5.1　让考核常态化，切忌"隔三岔五"　49
5.2　态度是一个必不可少的考核要素　50
5.3　依靠机制，提升考核的系统性　51
5.4　员工参与考核，结果更加科学、透明　53
5.5　妥善解决争议，做合格裁判　55
5.6　将考核结果充分利用起来　56

第 6 章　有效沟通，要管人不妨先管心　58

6.1　沟通时，提建议比下命令更有价值　58
6.2　坦诚相待，消除沟通障碍　59
6.3　重视员工的抱怨，不让抱怨扩散　61
6.4　掌握谈话技巧，解决疑难问题　63
6.5　循循善诱，让员工说出肺腑之言　65
6.6　多向员工强调"共同利益"　66

下篇　流程，让事务更有条理　69

第 7 章　七种怪象：流程管理迫在眉睫　70

7.1　权本位观念主导：流程混乱，无价值输出　70
7.2　责任界定模糊：事不关己型员工比比皆是　72
7.3　流程意识淡薄：无大局观，管理各行其是　73
7.4　流程标准不全：ERP技术发展受挫　75
7.5　采购流程紊乱：效率低、漏洞多、损失大　77
7.6　营销流程错位：渠道挤压，费用居高不下　80
7.7　流程缺乏监控：秋后算账，人心惶惶　81

第 8 章　得力助手：流程管理也需要工具　83

8.1　管理标准与技术标准体系模型　83
8.2　战略-绩效体系模型　85
8.3　PDCA管理循环模型　87

8.4	ABC分类管理模型	89
8.5	EPC模型	91
8.6	EBPM 流程优化	95
8.7	甲壳虫图流程设计法	98

第 9 章　人事与行政管理流程设计　100

9.1	内外部招聘相结合，线上线下并举	100
9.2	培训评估：因材培训+培训淘汰机制	102
9.3	能力素质模型与人才梯度模型	104
9.4	考勤管理流程：优化签到、外出与请假	108
9.5	离职流程设计：手续+面谈+归因	110
9.6	办公环境管理：游戏化+治愈化	114
9.7	会议管理流程：筹备、主持、决策、执行	116

第 10 章　财务管理流程设计　119

10.1	财务预算流程：预算编制、审批与监控	119
10.2	融资管理流程：从BP到VC再到IPO	121
10.3	资产管理流程：全生命周期管理	123
10.4	会计核算流程：会计循环七步法	125
10.5	账款管理流程：加快资金回笼，减少坏账	128
10.6	内部审计实操：10个关键步骤	130
10.7	财务分析流程：定量定性分析，编写分析报告	132

第 11 章　组织与绩效管理流程设计　134

11.1	简化组织流程：人事相宜与人岗匹配	134
11.2	组织扁平化：层级降维与效率升维	135
11.3	组织无边界化：消除组织与部门隔膜	137

11.4	制定组织规则：责任分配制，节省预算	139
11.5	流程管理与KPI考核方案	141
11.6	流程管理与OKR考核方案	142
11.7	流程管理与平衡计分卡	144
11.8	流程管理与德能勤绩考核	146

第 12 章 市场调研与产品生产流程设计 148

12.1	市场调研方法：百试百灵的5W1H	148
12.2	市场调研系统：信息分析系统与控制系统	150
12.3	精细化市场调研：定性定量结合，输出数据报告	152
12.4	市场调研结果：分析产品与竞品、机会与风险	154
12.5	产品定义：完成产品立项，组建研发团队	156
12.6	产品设计：确定结构与外观包装设计	158
12.7	产品测试：软件测试与硬件测试相结合	161
12.8	生产安全：完善日常安全管理	163
12.9	产品更新迭代：围绕用户本身及需求	164

第 13 章 营销流程设计与实战技巧 167

13.1	产品定位：精耕垂直领域，宣传独特卖点	167
13.2	营销准备：全面掌控客户需求	169
13.3	打通数据：线上线下联动，搞活SEO优化	171
13.4	营销裂变：借裂变漏斗做裂变优化	172
13.5	故事营销：用真情实感打动客户	174
13.6	场景营销：场景是营销磁场	176
13.7	品牌营销：品牌扩散与价值制胜	178
13.8	跨界营销：借VR实现科技跨界	180

第 14 章　用户管理流程设计　182

14.1　用户画像管理：数据建模与会员管理系统　182

14.2　用户响应管理：以产品识别为重心　185

14.3　用户沟通管理：完善用户关系管理体系　186

14.4　用户售后管理：各部门注重售后配合　188

14.5　用户回访管理：提高回访针对性　189

14.6　用户转化管理：漏斗模型与转化分析　191

第 15 章　流程的评估与优化　193

15.1　缺少评估＝0竞争力　193

15.2　评估步骤：选择、描述、提炼、评估　195

15.3　评估四大维度：设计＋执行力＋保障＋IT系统　196

15.4　流程优化与需求漏斗分析　198

15.5　流程优化"真谛"：重其神轻其形　200

15.6　优化端到端流程体系　201

15.7　优化流程审核体系　203

15.8　优化流程治理体系　204

15.9　水乳交融：IT规划与流程优化相融合　205

上篇

制度，
才是管人的
真正王牌

第1章

优秀企业离不开健全的制度

制度是企业正常运转的保障,企业如果没有制度的约束,会陷入一片混乱。只有用制度管人、按制度办事,才能保证员工时时刻刻都会严于律己,充分发挥激情和干劲。

1.1 人管人 VS 制度管人

作为一个有机组织,企业要想达成既定目标,实现内部资源与外部环境的协调,就需要在财产关系、整体架构、运行机制、管理规范等方面建立一系列制度。

不少管理者抱怨员工不认真工作,决策执行力很差,效率总是得不到提升,究其根本,问题还是出在"人管人"模式上。因为在这种模式下,权力全部在负责人以及管理者手中,很可能会出现主观性管理与人情管理的现象。

案例

李总最近很苦恼:上个月他手下的大部分骨干纷纷辞职,这让企业一下子陷入了困境。他很不解,这些骨干都曾立下汗马功劳,为什么在企业稍有发展之后却选择辞职呢?

李总与一位骨干深谈后才知道,原来是自己的管理出了问题:没有做到赏罚分明,缺乏统一的考核,薪酬也由自己决定。

这样的做法让很多骨干觉得付出与回报不符,但也没有办法开口提意见。时间一久,他们的心里越来越不平衡,所以索性选择一起离开。

很多企业在创立之初,由于创始人的能力和个人魅力出众,即使没有规范的企业制度,员工也愿意与创始人一起带领企业走向某一发展高度。但如果企业发展到一定高度以后,还是没有规范的制度,那难免就会走下坡路。

可以说,制度的完善与否决定了企业的秩序与员工的忠诚度、满意度。作为管理者,如何让制度有效地辅助管理是必须思考的问题。制度为管理提供了更加公正的平台,不管是用制度管人,还是人管人,决定权都在于管理者。

1.2 制度的作用究竟是约束还是激励

没有规矩不成方圆,无论在什么地方都是如此,没有制度的约束,会产生执行不力、混乱无序等问题。但制度不仅是一种约束力,还兼具了极大的激励作用。如果企业能建立科学、健全、合理的制度,并将其落实到位,往往会收到事半功倍的效果。

上海有一家颇具盛名的企业,因为几名员工在午休的时候打架,被公安局强制带走。总经理考虑到这几名员工没有犯过其他特别大的过失,就把他们担保了回来。

按照制度,这几名员工应该直接开除,但总经理只是给他们记大过一次,然后扣除了一个月的工资。尽管如此,总经理私下叮嘱销售组长给他们多派任务,到时算作奖金,冲抵一下他们的损失。

一开始,这几名员工认为是总经理故意报复,私下里一直抱怨。但到了月底结算工资时,才知冤枉了总经理。从此他们不但工作积极主动,而且再也没有故意为难同事与领导。

企业为了加强对员工的管理,都会建立完善的制度,但"管好"员工不等于"用好"员工。很多时候,那种"制度是约束"的"制度观"确实会限制管理的实际运用。

制度不仅是约束,还是激励,管理者要想让制度发挥作用,应该做到"明约束,暗激励"。但现在,很多管理者都坚持"一切唯制度论"。

实际上,如果制度不适合企业,达不成"人尽其才"的目标,根本不会产生好的效果。对于管理者来说,利用制度进行管理,必须变有招为无招,化有形的条框限制为无形的鞭策激励,明确制度是约束,更是激励。

1.3 可悲,制度何以沦为废纸

如今,绝大多数企业都认识到制度的重要性,并制定了相对健全的制度,大到关系企业生死存亡的重要决策,小到员工的作息时间以及办公用品的领取。但将制度真正贯彻下去的企业却是凤毛麟角,为什么会出现这种现象呢?主要有以下两个原因。

1. 把制度当成员工的摆设

有些企业在制定了制度以后,将制度摆在高高的神龛上,过多地讲究形式,当作"面子工程",但这对企业的发展并没有任何好处。

只有认真地将制度贯彻实施下去，才能真正实现制度的价值，高效有序地管理企业。

2. 受到主观能动性的影响

制度是由人制定的，需要人来执行，因此常常受到主观能动性的影响。当人的意志在制度的制定和执行中占主导时，制度就失去了原有的作用。因此，管理者要赋予制度绝对的权威，在正式执行的时候也要做到公正严明。

一个企业要想获得发展，就必须让制度高于一切，做到公平公正。此外，管理者必须严格执行各项制度，让每个员工在违反制度后都受到应有的惩罚。唯有如此，企业的利益才能得到保证，制度才不会沦为废纸。

1.4 一流企业用制度管人

一个企业拥有一流的制度，员工在这样的制度下进行工作，不仅可以提高工作的质量和效率，还有利于形成良好的氛围。所以，要想变为一流企业，就必须拥有一流的制度。

美国一家知名企业的负责人有次带客人参观工厂，走到工厂门口时被守门的员工拦了下来，员工说："对不起，先生，您不能进去，我们这里明确规定员工不戴安全帽不许进工厂。"助理说："这是工厂的负责人，要陪同重要的客人参观。"但是守门的员工坚持按规定办事，不让这些人进企业。

这个案例说明，在一流的企业中，总是有能够让员工自愿遵守的制度。企业从"人治"转到"法治",首先要制定完善合理的制度,其次要让制度具有威慑力。

案例

> 杜邦成立至今,已有200多年的历史,是世界500强企业中寿命最长的企业之一。它的"长寿"离不开管理者不断进行制度的调整、改革以及创新。
>
> 杜邦刚刚建立的时候,一切事务都由创始人亨利一人处理,带有明显的个人色彩。这种管理模式持续了39年,并且取得了不错的效果。
>
> 但是亨利卸任之后,杜邦由于缺少成熟、完善的制度,一度陷入混乱,再加上继承人管理经验不足,企业效益迅速递减,甚至面临倒闭的危机。
>
> 为了解决这一危机,杜邦废除了个人决策的管理模式,制定了针对整个企业的制度。这样的做法不仅大大提高了管理效率,还促进了杜邦的发展。后来,当发展到一定阶段的时候,杜邦还会结合客观环境的变化和业务拓展的需要,适当调整和完善制度。

从最初的个人英雄主义,到后来用制度管理员工,这是杜邦的一大进步。这同时也说明了,一个一流的企业离不开一流的制度。用制度管理企业,并不断创新和完善,才是企业"定江山"的法宝。

1.5 制度带领企业走向规范化

制度是企业运行的必要保障,可以对管理者的权力和员工的自主行为进行约束以及激励。健全的制度能有效避免企业因人事调动而出现"管理回潮",防止员工在低水平位置做效益低下的重复工作。

另外,企业还需要构建一套能够保障制度规范化执行的机制,以此来确保企业中事务、资源、营销等的正常运作,革除那些与企业创新和发展不相适应的管理方法。

> 李阳是一家塑料生产企业的生产部门经理,自企业成立以来,产品的不合格率一直居高不下,常常被客户投诉。为了改变这一现状,他多次与投诉的客户沟通,试图找到产品质量问题背后的原因。
>
> 收集的数据显示,超过80%的客户都因为同样的原因投诉,那就是产品中有明显可见的杂质。找到问题后,李明便来到生产车间询问几名员工,他发现一个明显的制度漏洞:只是笼统地标定了不合格产品的特点,没有明确的标准去鉴别哪类产品属于不合格品,这种模棱两可的结果造成了客户投诉。
>
> 李阳认识到是制度出现了问题以后,就在产品检验制度中明确规定杂质、污点的直径等于或大于1毫米的产品均视为不合格,他还专门给负责生产及质检的员工配备了高精度量尺,以方便贯彻和执行制度。

将原来模糊不清的衡量标准制度化,有明确详细的制度可循,这样不仅保障了产品的质量,也避免了部分员工钻制度的空子,还推动了企业生产环节的规范化。

除此之外,制度还必须具备根本性、全局性、稳定性,同时,在实施制度时要保证制度本身的公平性、科学性和可行性。只有这样,才能真正发挥制度的作用,带领企业走向规范化。

1.6 制度面前，人人平等

案例

联想之所以能够取得今天的成功，与柳传志严格的管理作风分不开。他曾因每次开会总是有员工迟到而定下"迟到就罚站一分钟"的制度。这一制度的效果十分明显，如果上午10点开会的话，参会的员工早早就能够到齐。

但是有一次，刚准备开会，柳传志的老上级就推开了会议室的门。对于这样的突发状况，柳传志很为难，让老上级罚站的确很不好意思，但如果就这样算了，制度也就相当于没有起到作用。权衡利弊后，他让老上级在会议室门口站了一分钟。

不久后，柳传志参加联想高层领导人会议，却因电梯故障导致他开会迟到。柳传志知道维持制度公平性的重要性，如果自己带头打破这种公平，丢的就是威信，所以他没有找任何理由，自觉站到会议室门口罚站1分钟。

在企业当中，地位越高，越不能凌驾于制度之上。上行则下效，只有管理者带头遵守制度，员工才能重视制度，并切身体会到制度的威严与力度。

没有制度的约束，企业的管理就会陷入混乱，生产效率也随之降低。制定制度并不难，难的是以身作则把制度执行好、贯彻好。在执行制度时，只有时刻维护"一视同仁"的公平原则，明确制度面前人人平等，才能推动企业的发展。

1.7 制度面前，功劳＞苦劳

管理者过分感性，不仅会让那些犯错的员工有恃无恐，认为苦劳可以代替功劳，还会让其他员工效仿，然后在工作时越来越明目张胆地打折扣。

久而久之，不仅影响了员工的工作效率，还会对管理者的管理工作产生不利影响，包括职位的升迁等。所以，管理者在管理员工的时候，除了要自律，还要严格按照制度行事，遵守廉洁奉公、公事公办的原则。

现如今的大型企业，无一例外都有着健全、完善的制度，管理非常严格。也正是因为这种严格，才提高了员工的工作效率与企业自身的发展速度。

> 通用是世界上最大的汽车企业之一，以生产众多质量上乘的汽车而闻名全球。面对如此庞大的员工群体，没有铁的制度、严格的执行力度，这家企业根本就没有机会成长为今天这种规模，也不会有今天这种业绩。
>
> 在通用创立之初，45%的市场份额被另一家汽车企业福特占据，为了从福特的手中分一杯羹，通用前总裁斯隆先审视了自身，坦言："企业组织混乱、管理无方、纪律也十分松弛，要想扩大市场份额，经营管理体制就必须进行重大改革。"
>
> 尽管通用有不少劳苦功高的老员工，但改革不能讲情面，更不能照顾某一部分员工。于是，通用进行了大刀阔斧的改革，斯隆提出"集中政策、分散经营"的改革思路，他结合当时的实际情况，制定了一套严格的纪律，并贯彻执行下去。

另外，斯隆还将通用的工作分为决策和执行两类，并制定了详细的各级部门制度。经过改革后，整个通用焕然一新，分工明确，赏罚分明，大大提升了员工的工作效率。

所以，管理者在推行制度时，不能过于顾及那些有苦劳的老员工，只有快刀斩乱麻才能将改革对员工的伤害降到最低。不管是谁，只要违反了制度规定，都必须严肃处理，在制度面前，任何纵容的举措都只会破坏公平性。

1.8 别让陈腐的制度浇灭员工的热情

企业的制度需要不断更新换代。制定制度的最终目的是为了保障企业的健康发展，因此，当一项制度无法解决企业问题时，管理者就要将其完善；当制度的存在对解决企业问题没有意义或者意义不大时，管理者也可以将其废除。

案例

某家大电器制造企业有这样一项规定：如果员工延迟交货，所在单位一律要被征收违约金。这项制度出台前，有几名员工的时间观念不强，经常拖延交货，为了解决该问题，企业才针对性地出台了这项制度，希望能约束这部分员工。

随着企业的发展，员工主观上的延迟交货情况已经有了很大改善，虽然也会发生延迟交货现象，但原因多半不在员工身上，而是受到生产过程中不可抗拒因素的影响，例如机器出了故障、厂方本身的耽误等。

试想，如果这家企业没有增加上述制度，而是任由员工拖延交货，那时间一长，他们就会丧失工作的热情，只注重产品的生产速度,而忽略了产品的质量,导致产品出现一些质量问题,最终使企业的发展开始走下坡路。

制度往往是为了解决企业某一时期的某些现实问题而制定的。但随着企业的发展和制度的实施,这些问题逐渐被解决,可能新的问题还会出现,因此,原来的制度就应该适当的被修改,这样才能满足每一个时期的发展需求。

创业时期的企业处于起步阶段,首要问题是如何让自己生存下去。在这些企业当中,团队由少量拥有共同理念的成员组成,大家目标高度一致,虽没有明确的分工,但效率很高,而且灵魂人物也会对每个成员产生正面影响,所以只需要较为简单的制度即可。

企业顺利进入市场并快速发展壮大之后,面临的问题会越来越多,例如,产品迭代困难、生产工艺复杂、经济压力快速增长等。这些问题都对企业的管理提出了新的要求,所以为了适应企业新的发展阶段,管理者需要将管理的跨度和深度加大,并完善制度。

成熟时期,企业的各个方面都趋于稳定,此时需要做的是不断优化企业的制度,充分发挥制度的积极作用,完全进化到制度管人,以此来避免企业患上"大企业病"。

制度应该追随企业的发展而不断改变。由于受到新形势以及新经营方式的影响,旧的制度会出现各种各样的漏洞,变得不合时宜,这就需要管理者及时完善旧的制度,保护员工的热情。

1.9 制度杂乱无章,管理逐渐失控

摩根士丹利董事长兼CEO普赛尔说:"所谓的企业管理,就是解决一连串关系密切的问题,而要想将其系统、妥善地解决,就应该树

立健全的制度，否则必将造成损失。"制度隐藏在企业的整个运行体系中，推动着企业的发展。在市场竞争中企业处于优势或是劣势，很大程度上取决于制度是否完善。

完善制度并不意味着制度越多越好，企业的制度要具有统一性，即部门的制度必须与企业的整体制度相统一，不能搞特殊。另外，要是企业的整体制度涉及其他部门相关的制度时，管理者要及时沟通，以免出现冲突。

> **案例**
>
> 北京一家互联网企业由弱到强的发展就印证了制度精简的重要性。创立之初，这家企业的管理十分松弛，也没有详细的制度，导致发展十分艰难。
>
> 总经理李元在专业人士的建议下，对企业的制度进行了完善。在各个部门的积极响应下，新的制度很快进入实施阶段，所有员工对制度的执行力都非常强，希望能推动企业的长足发展。但即便如此，也还是没有取得非常好的结果。
>
> 李元与人力资源部门不得不重新审视新的制度，他们发现这个制度虽然很详细，但同时也非常杂乱，例如，同一件事情业务部门要管理，生产部门也要管理；部分制度既涉及生产管理条例，又涉及后勤管理条例，这直接降低了企业的运作效率。
>
> 为了解决这一问题，李元又重新对制度进行了精简梳理，最终制定出一个明确完整的制度体系，各部门分工协作，企业的运作开始走上正轨。

杂乱无章的制度会让管理变得琐碎，影响企业的正常运作。制度设计是必要环节，但在设计过程中要把握关键要素，进行全局性的安排，始终以提升效率、增长效益为前提。

设置制度是一门很深的学问

设置制度是一门很深的学问，单纯模仿并不能使其发挥真正作用。不论是企业的高层管理者、中层管理者，还是普通员工，当承担起有关制度的任务时，要充分认识到制度是企业管理的需要。很多时候，制度的设置会影响企业的向心力和凝聚力，所以这项工作必须要严谨深入、一以贯之。

2.1 拒绝空洞：符合企业内外实际情况

大多数企业在步入正轨之后，都会小心谨慎地建立起一套制度，以便对员工进行有效管理。但有时建立的制度并不是那么合适，很可能出现空洞、脱离实际的现象。之所以会如此，主要有以下两点原因。

（1）制度与企业的实际情况不相符，引起管理的失控。

（2）设置人员不专业，导致制度缺乏可操作性，不适用于具体的操作流程。

如果想要制度更加有效，就必须从上述两点原因着手改进。首先，根据企业的实际情况设置制度；其次，制度设置要合情合理，不仅要管得住，还要用得好。简单来说，就是要对企业的现状进行调查与梳理，找到存在的问题以及需要调整的地方，然后与各部门沟通之后,再进行制度的设置。

现在,很多企业都存在一些合理不合情或者合情不合法的现象,例如,加班频率非常高,但薪酬制度中没有与之相关的任何内容,最终造成员工的离职。而有一家科技企业为了留住员工,设置的薪酬制度就比较合适,包括底薪、加班费、五险一金、绩效奖金、岗位加级、技术加级、住房补贴、餐补、交通补贴等多项内容。

上述企业的薪酬制度就是在合法的基础上,做到了既合理又合情。这不仅可以使员工的积极性大大提高,工作效率也会有非常明显的提升与保证。为什么正确的薪酬制度能带来如此明显的效果呢?因为员工可以从中看到企业对自己的尊重,以及获得合适的劳动报酬。

因此,在设置制度的时候,既要保证制度不空洞,符合企业的实际情况,又要兼顾合法、合情、合理。这样不仅能管住员工,还能让企业高效运转。

2.2 取长补短:借他人长处,补自己短板

很多企业在设置制度时,总会找一些比较成功的案例,稍加修改后为自己所用。这样的做法其实并不合理,因为每个企业的发展方向和所处环境都不相同,盲目的模仿只是在做无用功。如果想让制度真正发挥作用,必须在模仿的基础上取长补短,做到合理借鉴。

首先来说取长。在设置制度的时候,参考其他企业的制度本身并没有任何问题,不过一定不可以照搬照抄。而是要先确认企业的行业性质、业务情况、经营战略、员工类别等信息,然后据此设置科学合理的制度。

例如,受限于行业性质,广告类企业大多采用弹性工作制度,即

员工的工作时间由实际情况而定,不需要每天朝九晚五。一些游戏开发类企业看到了这种工作制度的优势,在进行综合分析后开始实施,这使公司整体的工作效率得到了大幅提升。游戏开发类企业在借鉴弹性工作制度的时候,没有生搬硬套,而是先进行综合分析,准确衡量自己的实际情况,然后再把符合自己的制度拿来使用。

再来说补短。在制度当中,只要有一项内容出现纰漏,就会影响整体的质量。例如,某制度中的内容都很人性化,唯独薪酬非常糟糕,导致很多员工都选择离职;还有些企业的休假制度不够完善,员工没日没夜地干活,完全得不到休息,最终影响工作效率。

可以说,无论是哪一种类型的制度,只要存在过于明显的短板,就会对企业的发展不利。因此,企业一定要善于优化,定期对制度进行满意度调查,然后调整那些员工认为不妥的内容,努力将制度变得更加人性化、规范化。

2.3 积极创新:切勿墨守成规,充分体现个性

在当下,企业要想吸引和留住更多人才,对制度进行创新是非常重要的环节。

例如,随着互联网的发展,餐饮行业的点餐系统发生了巨大变化。因此,在设置制度的时候,餐饮类企业就应该针对新的点餐系统增加一部分培训内容。这样不仅可以让服务人员迅速熟悉业务,还可以优化顾客的用餐体验。

此外,企业内部观念的变化对制度的设置和执行也有影响,举一个比较简单的例子:现在,传统的人事管理观念已经被人力资源观念所替代,所以相关制度的范围、侧重点等都会发生变化,这就需要企

业对原有制度，例如人事考核与评价、工资与奖金等进行全面调整，并在此基础上补充一些新的内容。

除了内部观念，企业的战略也会随着自身的发展阶段而发生变化，这就意味着，企业必须要根据战略的变化，及时对制度进行创新和调整，切不可墨守成规。

> **案例**
>
> 艾柯卡是美国著名的企业管理专家，他在福特担任总经理时，经常会大刀阔斧地对制度进行创新。但福特的总裁思想保守，这直接导致二人在理念和做事方式上存在不可调和的冲突，最终以艾柯卡离开福特收场。
>
> 在总裁的保守管理下，福特的业绩不断下滑，甚至到了亏损的边缘。而艾柯卡离开福特后，成为克莱斯勒的总裁，他把该企业从濒临破产的状态"拉"了回来。因为艾柯卡在克莱斯勒上任以后，积极创新了制度，迭代了原有的产品。这样的做法让克莱斯勒"起死回生"，业绩不断飙升，甚至都赶超了福特。
>
> 面对激烈的竞争与濒临破产的现状，福特的管理者痛定思痛，推出了一套全新的经营管理制度，改善了下滑的情况，保住了自己的市场份额。

通过克莱斯勒与福特的成败，能够明显看出制度创新的重要性。所以企业在设置制度的时候，一定不能墨守成规，而是要不断更新换代，充分体现自己的个性。这是加强企业内部管理，搞好企业一切工作的基础，也是企业发展和壮大的动力。

2.4 统筹兼顾：既要保证公平又要追求效率

对企业来说，制度不仅是加强管理、维护既定方针的保障，更是促进公平、提高效率的利器，所以制度的设置必须兼顾这两个部分。

　　章亮是北京一家企业的负责人，为了让企业快速发展，各个部门的员工通力合作，销售部门更是天天加班，企业的效益确实越来越好。

　　于是，章亮就提高了销售部门所有员工的薪酬，并将其落实到薪酬制度上。但正是这样的做法，让章亮遭遇了严峻的危机。原来，他只看到了销售部门的努力，却忽视了同样关键的客服部门与市场部门，最终导致不公平、效率低下等现象的出现。

企业要想提高效率，就一定要在制度中体现公平，每位员工只要按制度办事，就可以获得合理的、相同的回报，而违反制度会承受合理的、相同的处罚。

总之，在设置制度时，必须要正确处理好公平与效率的辩证关系，做到二者兼顾，互相协调。如果确实无法实现公平与效率的绝对协调，那就要保证效率优先，兼顾公平。

2.5 谨慎对待：坚决避免"朝令夕改"

制度需要创新与调整，这无可厚非，但前提是必须要符合企业的实际情况，而且还不能过于频繁。企业在出台制度、下达命令的时候，一定要考虑员工的处境。朝令夕改只会让员工摸不着头脑，无法集中精力，最终导致其在工作时没有积极性和成就感。

另外，企业还要考虑客观情况的变化，要具有前瞻性、全局性，尽可能设置多个制度，然后从里面选出最佳的，以保证制度能经得起考验。

 案例

某企业的行政主管出台了这样一个制度：员工需要按照座位的顺序，轮流打扫办公区的卫生（女性员工不包括在内）。但奇怪的是，贴出来的值日表上却有每一位女性员工的名字。

这个制度出台之后，执行情况并不好，经常有员工拒绝打扫卫生。因为行政主管表示女性员工不包括在内，但又在公告栏的值日表中把女性员工排上，导致大家不知道应不应该在轮班打扫卫生时跳过女性员工。

试想，如果行政主管在出台制度之前，和大家说明不让女性员工打扫卫生的原因，并且值日表中也没有女性员工，还会出现这样的结果吗？肯定不会。

由此可见，为了避免异议，制度的修改必须在民主协商的前提下进行。这样既能让员工有受到尊重的感觉，又能让员工明白修改制度的前因后果，从而更好地执行。

2.6 头脑风暴：让每一位员工都参与其中

有些企业花了很长时间去设置制度，但最终未能执行下去。为什么？这与制度缺乏民主和人性化有很大关系。一般来说，制度的设置主要由管理者进行，普通员工很少有话语权。

但其实，员工作为企业最基本的单位，应该参与到整个运作过程中，员工是制度制定的参与者，也是制度的遵守者，所以自上而下的制度设置方式经常会出现问题。例如，管理者不了解实际问题，设置的制度生硬、不切合实际，没有体现人性化，不利于员工的理解和执行，导致员工无法准确接收到执行制度的动机。

由此可见，在设置制度的时候，管理者不能独断专行，而要多与员工交流，让他们参与进来，从而进一步增强他们对企业和制度的认同感。

要知道，员工的认同感是制度能够被推行和实施的保障。如果某企业在员工不理解、不支持的情况下强制执行制度，那会遇到很多阻力和困难，最终导致制度只能流于形式。

在学习IBM的制度时，华为的很多管理者、员工并不认同，甚至很抵触。在这种情况下，任正非提出了一个重要的主张：不换脑，就换人。既然你不认同现在的制度，那就换一个认同的来。这种强硬的方式比较适合大型企业，对于中小型企业，则更适合温和一些的。

具体来说，设置一段试行期，明确告诉员工，在试行期内制度将被不断优化、不断精进，鼓励员工提意见，并根据所提意见的可用性给予奖励。这样的话，员工就可以积极参与到制度的设置中来。

充分听取员工的意见和建议，既有利于设置出更加科学合理的制度，又可以体现企业对员工的重视，调动员工的积极性，促使员工更好地遵守制度。

2.7 循序渐进：层次分明，不急于求成

艾伦是一家企业的负责人，虽然企业已经发展得小有规模，但他

还是包揽了很多工作，把控着整个业务流程，所以经常会感到身心疲惫、体力不支。

有一次，艾伦想抽出半个月的时间去度假，但刚出门两天，电话和邮件就挤爆了他的手机。其实，出现这种情况完全是因为他没有设置层次分明的制度，管得太多太杂。久而久之，就使下属和员工产生了惰性，养成了大事小事找上司的恶习，导致他一离开企业，企业就很难正常运转。

通常来说，制度的设置应该遵循从无到有、从简单到复杂的顺序，也就是必须要保证层次分明，不能急于求成。那么，企业应该如何做到这一点呢？可以从以下方面着手。

1. 做好前期调研工作

在设置制度的时候，不要妄图一气呵成，而是要做好充足的准备。这里所说的准备就是深入了解企业的经营现状、未来发展战略等，必须确保制度能真正落地。

2. 明确岗位职责

在企业当中，不同层级的岗位有不同的职责，不同的职责需要不同的制度。为此，企业可以先进行岗位分析，然后根据职责来设置制度。例如，营销经理的职责以管理为主，与其相关的制度就可以多一些管理方面的内容。

3. 关注后期试用调整

制度推出后，应该有一个缓冲期，这不仅是在为企业制造一个修正问题的机会，也是在给员工熟悉制度、改变不良习惯的时间。

上述三个方面联系非常紧密，任何一个方面没有做到位，制度就会成为空中楼阁，会出现种种问题，最终对企业的发展产生不利影响。

2.8 奖罚分明：奖勤罚懒是永恒的主题

企业对员工依照规定进行奖励或惩罚，以强化人事管理的制度被称为奖惩制度。奖惩制度通常包括原则、条件、种类、方式、手续等方面的内容。

> 上海一家大型家具企业共有480位员工，下设多个部门，倡导家人型的管理模式，即把每一位员工都当作自己的家人，如果员工犯错，都是以说服教育为主，而且只要员工不申请离职，企业就不会主动开除员工。
>
> 这种家人型的管理模式使员工养成了一些不良习惯：态度散漫、缺乏危机意识、工作效率低等。即使管理者对员工进行说服教育，也没有起到什么作用。

实际上，这个企业要想激发员工的斗志，真正需要的不是说服教育，而是奖勤罚懒的制度。那具体应该怎样做呢？必须注意以下几点。

1. 奖惩要因人而异

这里的因人而异不是指"人情"、职位等因素，而是指不同员工的需求。很多时候，把同样的奖惩用到不同的员工身上，起到的效果也会不同。同一位员工，在不同的时间或环境下，也会有不同的需求。所以，奖惩要因人而异。

为了实现上述目标，企业首先要清楚每位员工的真正需求，然后将这些需求整理、归类，以此为凭据来制定相应的奖惩制度。例如，有的员工希望得到更高的工资，而另一些员工希望有自由的休假时间。对于前者，最好的奖励就是奖金；而对于后者，多几天假期显然更有吸引力。

2. 奖惩要适度

奖惩不适度不仅会影响激励效果，还会增加成本，避免这一问题的最好办法就是，针对行为进行奖惩，并将奖惩的方式、程度、内容等细节公开，让所有员工明白，什么行为是可以容忍的，什么行为是不能容忍的。

另外，奖惩制度的设置还应该让员工参与进来，毕竟他们才是真正的执行者。对企业来说，奖惩不适度不如不做，这项工作的目的不是给员工福利，也不是向员工要福利，而是激励和督促。

3. 拒绝偏见，保证公平

公平是管理员工时的一个重要原则，任何不公的待遇都会影响员工的工作效率和工作情绪。在奖惩方面，取得同等成绩的员工，一定要获得同等层次的奖励，犯同等错误的员工也应受到同等层次的处罚，必须做到一视同仁，不能有任何偏见。

企业的活力来源于每位员工的努力，合理的奖惩制度可以充分调动员工的热情、积极性和创造性，从而进一步提高企业的整体工作效率和综合竞争力。

2.9 及时公示：法律之下的利益维护

在实际的管理工作中，很多企业不重视制度的设置，最终导致制度不完善、不合乎法律规定，具体运用情况不理想等结果。更有甚者，在发生劳动争议后，还会因为制度违法或程序违法而承担不可挽回的损失。

何明于某年6月1日正式在乙企业入职,并签订了1年的劳动合同。劳动合同中约定,若何明违反制度,乙企业有权与其解除劳动关系,且无需支付经济补偿金。

当年10月12日,何明突然收到解雇通知,解雇原因是在9月,他连续无故旷工4天。而乙企业的制度中明确规定,连续无故旷工3天以上者属于严重违纪,企业有权主动与其解除劳动关系。但何明表示从未看过该项制度,乙企业却坚称已经向其公示过所有的制度,但无法举证。

那么乙企业是否能以何明严重违纪为由与其解除劳动关系?

根据《中华人民共和国劳动合同法》第四条第(四)款规定:用人单位应当将直接涉及劳动者切身利益的规章制度和重大事项决定公示或者告知劳动者。

在本案例中,虽然乙企业坚称已向何明公示了这项制度,但无法提供明确的证据。所以,乙企业以制度为依据解除与何明之间劳动关系的做法不符合法律规定。

由此可见,设置好制度以后,必须做好公示方面的工作,而且企业要注意保留向员工公示制度的证据,例如,签署制度公示协议、张贴公示制度的记录等。

制度是企业为了深化劳动管理、规范员工行为和职业道德所设置的一系列行为准则,是企业在法律框架下的"内部立法"。既然与法律有关,那企业就必须做好万全准备,确保企业规范、有序地运行,消除不必要的损失。

制度有了,接下来就是抓执行

企业的管理离不开合理的制度,没有制度,管理就无章可循,但制度不是企业健康发展的唯一保障。一项制度的出台,管理者能不能保证它顺利进行、能不能提高员工的执行力,才是最重要的。

如果没有执行力,制度就是空谈。那么到底应该如何抓执行?这是很多管理者都关心的问题,本章将对这一问题进行详细解答,希望能为读者提供一些帮助。

3.1 一流的执行比一流的制度更关键

英国哲人培根曾说:"有制度不落实比没有制度的危害还要大。"这句话直到今天依旧适用。现实中,有多少企业制定好了制度却不了了之,又有多少企业守着完美的制度走向破产,这种只制定不执行的做法已经带来了无数惨痛的教训。

国内有一家大型企业因为经营不善,面临破产危机,这家企业后来被美国的一个财团收购。企业里的每个员工都以为破产是因为没有先进的管理经验和生产技术,但美国这个财团只是派了几个代表前来接管财务、管理、技术等部门,没有改变企业原有的制度,也没有裁员,甚至都没有更换机器设备。

这个财团只提出了一点要求,要求把制定的方针、政策和规章严格地执行下去。最初所有员工都不以为然,但事实上,仅仅过了一年,这家企业就扭亏为盈。同样的企业,只是换了管理者,为什么会有如此大的差距?最关键的一点就是"执行",也就是将制度落实到位。

任何一项工作、任务能够完成,都是紧抓执行的结果,制度不能只写在纸上,要从纸上"走"下来,落实到日常工作中。这个道理不难懂,但如何做到是难点。如果没有执行,再完善的制度也是一纸空文,再正确的政策也发挥不出其应有的作用。那么,企业应该如何执行制度呢?

(1)管理者要把执行当作长期的工作进行,以保证制度能够落实到位。

(2)及时总结执行过程中的工作技巧和方法,以提高工作效率,从而推动员工执行力的提升。

(3)执行的时候,必须要把握好速度和力度。要促使员工抓住时机,保质保量完成任务。

对企业而言,一流的执行力是生死存亡的关键,是核心竞争力的重要体现。很多企业都有一流的制度,但员工却用三流的执行力来对待它。为了打造一个执行力强的团队,管理者必须充分发挥带头作用,制定能够激励人的制度,充分调动全体员工的积极性。

同样是做个人电脑,戴尔独占鳌头;同样是做超市,沃尔玛雄踞零售业榜首。产生这些不同的原因之一,是各个企业执行力的差异,在激烈竞争中最终能够胜出的企业无疑都具有超强的执行力。这种执行力值得每一位管理者学习,拥有这样的执行力,企业的未来将会充满希望。

　　用制度管人是许多企业成功的秘诀，强大的执行力是建立竞争优势、创造商业奇迹的根本，正所谓"制度打天下，落实定江山"，二者缺一不可。

3.2 管理者以身作则，员工更能自觉遵守

　　"其身正，不令而行；其身不正，虽令不从。"——论语

　　企业中，管理者的行为永远是员工的榜样，因为员工眼中的管理者都具有某种与众不同的特质。当然，还有最重要的一点是管理者对自己的超高要求。

　　员工之所以服从管理者的指挥，大部分基于两个原因：一是管理者地位高、权力大，不服从会对自己的工作造成影响；二是管理者的个人能力，例如对事情的看法、知识、经验等远超员工，可以令员工心服口服。而制度作为大家共同遵守的准则，对管理者的要求也要高于普通的员工。

　　雷军曾说过，在金山的时候，他每天工作16小时，创办小米之后轻松一点，每天也要工作12小时，每周工作7天。在传统行业也有同样的领袖，许家印曾说自己常年长时间工作，从不松懈。

> **案例**
>
> 　　北京一家企业的负责人将销售部门交给自己的外甥李华管理，李华为了树立自己的权威，给销售部门制定了非常苛刻的制度，而且一旦员工违反了制度，就会立刻受到处罚，但李华自己却从来不遵守制度。
>
> 　　他这样的行为让销售部门的员工非常不服气，但大家碍于他

与负责人的亲戚关系，都敢怒不敢言。久而久之，很多员工选择了辞职，这导致销售部门的业绩迟迟没有提升，产品也积压了一大堆，企业也因此出现亏损。

一个企业能否在竞争激烈的环境中立足并得到发展，与管理者是否有正确的自律意识有很大关系。管理者要求员工对自己的行为负责，那管理者也必须对自己的行为负责。只有不断地反省自己，高标准地要求自己，才能树立起被员工尊重的形象，让他们产生信赖、钦佩、服从的意识，从而推动工作的有效开展。

制度的执行格外强调管理者要以身作则，具体作用主要包括以下几点。

1. 示范作用

我们经常说上行下效，如果管理者都在遵守制度，员工很大程度上也会跟着做，并以此为傲。这样一来，制度就能被很好地执行下去。

2. 提示管理者要遵守制度

与员工相比，管理者要多很多不遵守制度的便利条件，而且往往可以做得更加隐蔽，所以很难管控。很多企业在追查不执行制度的根源时，往往发现首先破坏制度的都是管理者。可见，管理者不以身作则，确实会严重影响制度的执行。

3. 亲自证明制度的可执行性

在执行的过程中，制度经常会遭到员工的质疑。而管理者遵守制度可以掌握制度的执行效果，对制度有切身体验，当员工提出意见时，也能够有理可循。

4. 公平依照制度实施奖惩

对严格遵守制度的员工进行奖励，对恶意违反制度的员工进行处罚，在这一方面，管理者不能有任何动摇，必须切实贯彻。

管理者一定要严于律己，以身作则，时时以执行制度为荣，处处做执行制度的表率，事事起模范带头作用，保障各个部门的纯洁性，调动员工自觉遵守制度的积极性，把企业的各项制度真正落到实处，让每位员工都能用高标准来要求自己，进行自我管理。

3.3 将制度变成一个"滚烫的热炉"

在企业当中，"热炉效应"指的是任何员工触犯制度都要受到处罚。制度就像烧得通红的"热炉"，大家都知道它非常"滚烫"，必然心中畏惧，不敢触碰。从另一个角度来看，"热炉效应"也体现了制度的四个特点。

1. 鲜明的警告性

管理者要经常对员工进行制度教育，要让他们明白违反制度将遭到相应的严厉惩罚，就像触碰热炉会被烫伤一样。当员工形成习惯以后，违反制度会受到惩罚就能够成为一条不证自明的常识。

2. 即时性

从触碰热炉到被热炉烫伤，其实是一种即时的连锁反应。对制度执行而言，即时性要求管理者及时制止违反制度的行为，并在不当行为发生后立即对员工进行相应的处罚，决不能有时间差，这样才能实现及时改正错误的目的。

3. 必然性

只要触碰热炉，肯定会被烫伤，这体现出制度不容置疑的必然性。换言之，只要违反制度，就必然要受到惩罚，不能有丝毫的侥幸。

4. 公平性

不管触碰热炉的人是什么身份，只要触碰，结果就是被烫伤。这体现出制度执行的公平性，即不论是管理者还是员工，只要违反企业的制度都要受到同等程度的处罚，必须保证制度面前人人平等。

凭借着对上述特点的深入研究，仅20多年的时间，远大就从中国走向世界，成为全球知名电器企业。它的成功秘诀之一就是不仅坚持以制度为行动指南的管理方针，而且坚持让制度执行的"热炉效应"发挥真正作用。

在远大，有这样一条规定：随地丢烟头者罚款100元，当几个人同时待在一个地方，如果发现了烟头，那么他们必须确定是谁丢的，否则，每个人罚款100元。但是，远大至今都没有罚款记录，不是因为执法不严，而是没有人敢丢烟头。

制度执行的实质之一就是确保违反制度的员工会付出代价，受到相应的惩罚。只有强化制度的约束性，把制度建设的"热炉"烧得通红，更加严格地执行制度，才能解决深层次的矛盾和问题，引导员工强化制度意识。

3.4 重视制度的发布：选好方式+注意事项

在执行制度的过程中，发布制度是一个非常重要的环节，而为制度选择一个正确的发布方式则是重中之重。这样有利于企业顺利实现管人目标，有利于加深员工对制度的了解和认同，从而促进制度的执行。通常来说，制度的发布方式主要包括以下几种，如表3-1所示。

表3-1 制度发布方式

发布方式	具体做法
电子邮件发送	通过电子邮件将制度发送给每一位员工，然后通知员工认真阅读并回复确认
公告栏张贴	将制度张贴在企业的公告栏上，供员工随时阅读。因为制度的发布者和执行者都是内部员工，所以该方式可以确保制度通知到位
内部培训	制度设置好以后，组织全体员工一起学习，并保留相关记录。通过内部培训的方式，员工可以对制度有更加深入的了解，企业也可以掌握员工对制度的意见，从而进一步推动制度的贯彻落实
按部门传阅	将设置好的制度编印成手册，然后再按部门传阅。另外，为了保证员工已经阅读制度，还应该让员工签字确认
员工手册发放	企业可以根据需要制作一份《员工手册》，发放给每一位员工。在最后一页附注《员工接受书》（具体内容如下："本人已经阅读由×年×月×日起生效的《××制度》，并对其中的内容有了深刻了解，同意接受此制度的各项要求。"），让员工阅读后签上自己的姓名
组织考试	企业组织专项考试，将制度作为考试大纲，挑选一些重要条款作为考试题目。该方式可以加深员工对制度的理解及记忆
入职登记声明	在员工入职的时候，提供制度让其阅读。如不存在反对意见，则签字声明"本人已经阅读制度并自愿遵照执行"
劳动合同约定	在《劳动合同》中增加制度作为附件，并要求员工认真阅读、深刻理解、加强记忆，最后签字确认
员工意见征询	企业在已有制度的基础上，下发制度文本，向员工征询意见。同时还要保留相关书面资料和员工签名
责任人推进	制度发布之前，先明确责任人，并要求责任人在规定时间内使制度得到充分贯彻落实

表3-1中所列是目前比较常用的制度发布方式，除了这些方式以

外，企业还可以使用另一些方式。例如，组织"企业制度学习周""企业制度竞答比赛"等活动，在内部刊物中开设"管理制度"专栏、制度建设情况公示等。但是，对于企业来说，要想让制度顺利发布，不仅要选择合适的方式，还要掌握相关注意事项，主要有以下几点。

1. 制度发布对新老员工同样重要

将制度发布下去，让员工理解和记忆，增强员工执行制度的意识，这样的活动对新老员工都是必不可少的。所以，在发布制度的时候，必须要把新老员工全都定为主体，一方面，可以使制度得到更好的贯彻落实；另一方面，可以大幅度提升整个企业的执行力。

2. 保留相关证据

在发布制度的过程中，企业应该注意保留相关证据。因为在劳动仲裁中，如果企业没有办法证明已经把制度发布出来，并让所有员工都了解的话，那该制度就不能作为劳动仲裁的有效依据。通常来讲，表3-1中的制度发布方式都可以达到让员工了解制度的目的。不过，从法律角度来看，电子邮件发送、公告栏张贴都有同一个弊病——难以保留证据，进而导致企业无法在发生劳资纠纷时拿出有力证据。

王鹏是一家互联网企业的程序员，在2019年3月，他收到了一封邮件，邮件内容是新的薪酬制度，该薪酬制度规定，程序员的基本薪酬下调500元。他虽然看到了这封邮件，但是并没有回复。

到了发放薪酬的时候，王鹏发现自己不仅基本薪酬下调了，奖金也比上个月少了很多，于是心生不满，气冲冲地去找领导理论。但是领导表示，下调程序员的基本薪酬已经在新的薪酬制度中写得清清楚楚，奖金少是因为任务没有完成。

随后，王鹏以没有看到新的薪酬制度为由，要求企业按照以前的基本薪酬为其进行发放。经过仔细调查，企业发现王鹏确实没有回复邮件，无法证明他已经阅读并了解了文件，所以就为他补齐了下调的那部分基本薪酬。

由上述案例可以知道，如果企业选择了难以保留证据的制度发布方式，那就很容易让员工抓到把柄，从而使自身蒙受额外的损失。因此，企业在选择制度发布方式的时候，最好选择能够保留证据的发布方式。

3. 根据实际情况选择制度发布方式

为了让制度发布方式更加合适，企业在选择的时候必须考虑实际情况，例如，硬件设施、文化底蕴、员工素质等。这不仅有利于每一位员工充分了解制度，还有利于减少因员工对制度不熟悉而导致的争议。

在制度发布方面，方式和注意事项是两个重点，如果企业没有牢牢把握，一方面，会影响制度的执行效率和执行效果；另一方面，会影响劳资纠纷的处理和劳动仲裁的结果。可以说，制度发布已经成为抓执行中的一项关键工作，企业必须要足够重视。

3.5 做好宣贯工作，突破制度执行瓶颈

制度是管理的基础，是企业赖以生存的依据，而宣贯则是制度得以实施并实现应有效能的前提，同时也是制度建设与管理过程中一个必不可少的环节。

只有做好宣贯工作，使员工了解、熟悉和掌握制度的内容，才能

够强化员工的制度意识，改善企业推行制度的管理环境，实现企业的制度化管理。

在企业的经营管理过程中，宣贯十分常见，除了包括上述内容以外，还包括了公示之后的认证等一系列活动。例如，管理部门安排专职人员，通过内外部的报纸杂志、局域网、互联网、简报、广告牌等渠道，进行与制度相关的文艺演出、培训、团队学习等活动，这个过程就是所谓的宣贯。

做好宣贯工作能够加强制度体系中的薄弱环节，加大督导与执行力的检查力度，从而实现标准化管理，提升工作效率，推动企业的持续、稳定、健康发展。

为什么做好宣贯工作，就能突破制度执行的瓶颈？主要有以下3点原因。

1. 开展制度宣贯，是提升企业基础管理水平的根本

制度是企业内部最基本的规则和标准，是企业内部运作的秩序和规则。抓好制度执行，要从大处着眼、小处入手，理顺企业的每一条细小制度，实现制度的流程化、专业化和标准化。当企业的每一条制度都被理顺、厘清，不仅制度执行的效率能够得到提升，企业整体的管理水平也能提高。

2. 开展制度宣贯，有助于员工明确工作职责，实现自我约束和管理

制度的宣贯要求分析和解剖制度的每一个环节，这简化了每一条制度的理解难度，有助于员工了解并掌握制度的具体内容，明确工作职责和目标，引导员工自觉主动地将企业的制度转化为自己的工作规范和准则，从而实现自我约束，提高自律意识。

员工的自我管理为制度的执行与落实提供了非常便利的条件，让员工在宣贯中发挥主动性、创造性和积极性，主动接受制度。

3. 开展制度宣贯，是提升企业管监督水平的重要保障

目前，大多数企业都存在的一个显著的问题：有制度，但员工不了解，自然也不会严格执行。开展制度宣贯能让员工熟知制度的内容，这是提高监管水平的基础和前提。

> 西平供电企业各部门分别以电子表格的形式对通用制度进行了宣贯培训，以专业技术为单位，清理出本单位原有的制度与已发布的通用制度相冲突的条款，以文件的形式统一发文废止，为通用制度的实施扫清"障碍"。
>
> 各专业、部门和办公室之间加强沟通与协同，实时掌握通用制度宣贯的新动态、新要求，多征询员工的意见建议，及时反馈，将宣贯情况一月一上报，动态调整宣贯工作计划，同时各单位要收集保存各自的培训内容、培训人次、培训图片，力求图文并茂，宣贯到位。宣贯活动应使每个员工都能很好地理解通用制度的内容，将制度执行下去。

在制度出台之后，通过系统的宣贯，能让员工最大化地了解制度、理解制度，充分认识到不执行制度会损伤集体和个人的利益，从而自觉遵守制度，突破制度执行的瓶颈。

3.6 学会授权，执行需要有人负责

著名管理大师杰克·韦尔奇说："管得少就是管得好。"但许多管理者习惯于亲力亲为，不放心把工作交给员工。然而事必躬亲的结果却是，管理者自己身心疲惫；员工也束手束脚，工作能力得不到提

升,反而越来越依赖管理者。

充分而恰当的授权同样是制度执行的保障,而实现这一保障的前提是要有明确的制度和目标分工,具体可以从以下两个方面进行说明。

1. 学会授权

管理者首先要做到信任员工,授权于员工,同时还要将业务细分,让其承担相应的目标和责任,行使相应的执行权力。作为企业的管理者,应该学会授权,不能什么事情都亲力亲为,否则会使员工养成懒惰的性格,不利于企业的长远发展。

2. 制度执行要责任到人

企业制度执行不力的另一个关键原因是无人负责,在制定了制度后,企业应该指派专人负责制度的把控和监督,以此来保证执行力度。但很多企业的管理者都忽视了这一点,导致制度难以落地,无法产生实际效果。

企业的管理者要细分制度执行的任务和目标,将这些任务落实到具体的负责人身上,给予他充分而恰当的权力,以此来保证制度执行得更加有力。

上海一家企业的管理者张洋就非常明白,只有目标明确,执行力才能有正确的前进方向,不同的部门和员工才能在工作中形成一种强大的合力。所以,他对各个部门进行了明确的目标细分。

张洋授予各部门经理一定的实权,让他们管理企业的大小事务,进行制度的实施。这样大大提高了对制度执行的规划的详细程度,让员工觉得自己被重视,这在很大程度上保证了执行的高效,让制度的执行效果达到最好。

将权力和任务同时分给员工,责任到人,并且信任他们,才能最大限度地发挥执行力。

3.7 加强信息化管理，明确制度执行计划

古语有云："凡事预则立，不预则废。"无论做什么事，如果不事先做好计划和准备，就很难把事情做成功。制度执行同样如此，明确的计划能大大推动制度的执行。

怎样做计划？这离不开企业的信息化管理。企业的信息化管理为企业进行统一、规范、持续、高效的制度执行提供保障，助推企业制度执行的提升。在制定制度执行计划时，利用信息化管理对所要做的工作进行步骤划分，分清阶段，规划好每一步做什么。

案例

为了将长江塑胶厂的塑胶花打入北美市场，李嘉诚制作了精美的产品广告画册，通过香港有关机构获得欧美各贸易企业的地址，将这些广告画册寄给这些企业。不久后，有一家实力强大的贸易企业觉得长江塑胶厂的塑胶花非常有意思，对李嘉诚的报价也十分满意，表示会在一周之后派人来香港考察工厂，并洽谈合作。

从旧厂房退租，到把可用的设备搬迁到新厂房、购置新的设备、设备安装调试，再到招聘新人并对新人进行上岗培训，这一切工作都要在一周之内完成，任何一个环节出了问题，都会使这个计划前功尽弃。

为了能在短短的7天内完成计划，李嘉诚对全体员工的工作做了非常详细的计划，包括哪组人该干什么，哪些工作由谁做，每一天的工作进度等。7天之后，当那家企业的代表抵达香港时，新厂的设备已经完成了调试。与此同时，李嘉诚已经派人在五星级

酒店为外商预订了房间。

一切活动都在李嘉诚的计划之中,最后,那家企业与李嘉诚签订了长期合作协议。李嘉诚能签下这份长期合作协议,靠的不是运气,而是高效的执行力。

身为企业管理者,要制订完善合理的制度执行计划,与企业的信息化管理深度融合,让每位员工都有明确的任务,并形成制订计划的意识,明确任务完成的时间和流程。这样,员工才能有条不紊地执行制度,提升整个企业的执行力。

3.8 细节制胜,制度执行要从小事着手

在通用汽车公司工作过20年的拉里·博西迪有句名言:"如果想把结果做好,就要在过程中重视小事。战略、制度或理念都应落到实处。对小事的追求有多深入、多执着,执行力就有多好,取得的成效就有多好。"作为管理者,必须要重视小事,从小处抓执行,以此来确保执行到位,这不仅影响着细节问题的处理,更关系到员工的工作态度。

很多管理者对于执行要从小事抓起的认识不够深入,认为"做大事者不拘小节",没必要纠结小事,但企业的竞争力往往取决于企业中的小事。通常在企业发展到一定程度后,一些不重视细节的企业就会走下坡路。那么,为什么这些企业管理者不能从小处贯彻制度呢?原因有两个方面。

1. 制度制定忽视细节

有些管理者在制定制度时,通常只看到大的、浅显的层面,而忽

视了细节，这样的制度相对来说比较空洞，不好落到实处，员工不会用心执行，也无法带来实际效果。久而久之，员工就会带着应付的心态去执行这些制度。企业的制度执行与发展会遇到一系列阻碍。

因此，管理者在制定制度时就要用心观察企业的发展与现状，包括细节。用心了解企业，才能知道企业缺什么，想要什么，从小处抓起，将细节执行到位，企业的管理制度才能被贯彻执行，产生高效执行力，制度才不会被当作"纸老虎"。

2. 忽视小处制度的执行

企业管理者没有从小处着手执行制度的另一个原因，是在制定了一些小处的制度后，没有严格要求员工执行。

管理者在制定了小处的制度规范后，要对员工进行严格要求，加大对违反者的处罚力度。只有严格要求，小处的制度才能被高效地执行，最终企业才能以细节取胜。

严格监督,为制度加上一层"保护膜"

任何工作的开展都要靠出色的执行力来实现,提高执行力是企业改革和发展的必然要求。没有执行力就没有竞争力,也就没有发展力,而对制度执行的严格监督,是企业强大执行力的保障。只有严格监督,制度才能得到贯彻执行,才能保证制度在工作中发挥实效,不断推进企业的发展。

4.1 "放羊式"管理已经不再适应时代发展

"放羊式"管理就是权力下放,给员工最大化的工作权利,目的是想要激发员工在工作中的积极性和能动性。

但现实中,"放羊式"管理实施起来差强人意,常见的问题是,很多中小型企业的负责人和员工之间的理解存在落差。负责人把工作全权交给员工,自己当甩手掌柜,但经验不足的员工未必能做好工作,驾驭全局。最终,工作的进展达不到预期,负责人觉得员工无能,而员工也会觉得委屈。

如今,不少企业都认识到"放羊式"管理已经不再适应时代发展。"放羊式"管理的核心缺陷在于职责不清,没有明确的责任分工和工作要求,在工作上大家相互推卸责任,不仅降低了工作效率,还会严重影响士气。

> 张明在一家新技术开发企业担任总经理一职,经过详细的市场调查和规划,他决定推出新产品,在激烈的竞争中扩大自己的市场份额。紧接着,他便采用了"放羊式"的管理方法,将开发新产品的任务交给了研发部。
>
> 然而三个月过去了,新产品的研发工作进行得十分缓慢。之所以会出现这样的情况,是因为张明采用了"甩包袱"的方式,他把这项任务全权交给研发部,但并没有明确员工的职责,也没有安排具体的项目负责人,工作中连个拿主意的人都没有,出现相互推诿、"磨洋工"的现象。
>
> 后来,张明指定了两名项目负责人,各自带领团队负责不同的工作,还专门任命了一个工作小组长,负责安排员工的具体工作。在调整了管理方式后,该部门严格实行责任到人的制度,研发部"磨洋工"的现象有所改善,工作积极性也被调动起来。

如何克服"放羊式"管理的弊端?关键在于明确职责。再优秀的人才,如果管理不好,也会变成庸才。不少企业虽然实行了责任制,但责任的落实并不到位,仍然存在一系列问题。

企业由多个个体组成,明确职责首先要分散整体的工作责任,保证人与责任对应的唯一性,既不能存在空白区域,也不能出现职责交叉,从而避免人才浪费。同时还要制定相应的执行流程和考核机制,帮助员工明白自己的职责,严格监督,合理有序地进行制度的执行。

4.2 制度可以"温柔",监督必须严格

有些企业有很多看起来很完善、很严格的制度,但在实际执行中,这些制度常常大打折扣。久而久之,制度就形同虚设,员工也对它视而不见。

对一般错误,很多企业通用的处理方式是罚款。以员工迟到为例,每迟到一次罚款一定金额。员工每次迟到被罚款后,都会出现一种这事就算"扯平"了的心态,觉得自己已经为迟到行为"买单"了,不仅不会产生内疚情绪,还会有理直气壮的迟到久一点的想法,根本无法达到原有目的。

案例

> 方太曾经用列举的方法,把员工可能犯的错误归纳成A、B、C三类。A类错误可能要开除;B类错误要处分;C类比较轻,如迟到早退、乱扔垃圾、衣着不规范等。方太原来处理C类错误的方法是罚款,但这个制度实施了一段时间后,方太就把C类错误的罚款处理取消了,不给员工为错误"买单"的机会,同时将处理方式改为主管领导与员工谈一次话,谈话内容很简单,只是问员工为什么迟到,家里是不是有事等问题,表现出对员工的关心。
>
> 新制度实施的第一年,虽然员工总数有所增加,但C类错误的总量比前一年下降了一半,而且还在持续下降。

很多企业虽然建立了完善的制度,但具体的执行结果并不十分完美,主要有以下几点原因。

(1)没有落实监督检查的责任部门和责任人员,没有形成相应的监督机制,造成监督职能的缺失。

（2）制度执行的随意性过大，没有严格按照制度处理事情，奖惩标准不明确。这些都会影响员工遵守制度的积极性，最终导致制度执行力不高。

（3）制度执行检查时紧时松，缺乏严肃性。许多制度在制定之初都能有力执行，但过了一段时间，管理者就疏于监督，最终导致制度逐渐沦为"废纸"。

由此可见，制度的顺利落地，很大程度上取决于管理者对执行情况的监督。所以企业必须建立完善的监督机制，对各部门、各员工的行为进行跟踪和定期检查。

案例

广州一家企业为了让制度贯彻下去，建立了监督机制，由人力资源部门全权负责。每到月底，人力资源部门就会向其他部门发送一些与制度执行相关的表格，以掌握制度的执行情况。

此外，人力资源部门还会抽查各员工的制度执行记录，并在深入分析之后找违反制度的员工谈话。谈话的主要内容是为员工详解违反制度的原因，共同找出改正的办法。

正是因为企业具有明确的经营理念与规范化管理，才能使制度得到有效执行。同时，严格的监督机制也使员工的工作都能够达到近乎完美的状态。

广州这家企业的监督机制其实也体现在会议中，当召开重要的会议时，企业的管理者会布置监督方案，并告知人力资源总监后续追踪的情况，例如时间、方法如何、应该使用哪些资源等。

真正有效的执行离不开双向沟通和反馈，也就是说，员工要及时向管理者汇报自己的实际情况，管理者也要主动了解员工在执行制度过程中的困难和问题，并及时解决，这样才能保证员工严格地按照目标完成任务。

在建立监督机制以后，管理者还要明确由谁或者是哪个部门负责落实。一旦有了专门的负责者，员工就会有一种被约束、被规范的感觉，从而促使他们严格遵守制度。

4.3 员工有犯错的机会，但要把握好次数

所谓"海纳百川，有容乃大"，给员工机会的管理者很多，但给员工犯错机会的管理者却很少。对管理者而言，"居上不宽"是致命伤。能够包容员工犯合理性错误的管理者，更容易在员工中树立起威望，赢得员工的信赖。久而久之，会给企业树立包容的企业文化，增加员工对企业的认同感和忠诚度，有利于增加员工的活力。

上海有一家企业，主营大型公用设备，某天一名非常有能力的老员工违反了工作制度，按照企业制度，他应该受到开除处分，总经理也批准了这一决定。但那位老员工觉得非常委屈，他说："企业当年债务累累我都没有离开，今天我犯了一点错误，就开除我，真是不讲一点情义。"

随后，总经理了解到那位老员工最近正在遭遇家庭变故，由于妻子过世，他悲痛万分，整天借酒消愁，结果误了工作。得知这一情况之后，总经理找到老员工，给了他一笔钱，让他安心解决家里的事，不用愁上班的事。老员工本以为总经理要撤销开除他的命令，但没想到总经理却说："我不希望破坏制度，我相信你也不希望我破坏制度。"但因为这个老员工既有能力又有功劳，总经理觉

得不能委屈了他，就介绍这个老员工去另一个公司工作。

作为一名优秀的管理者，一定要能容忍员工犯非原则性的错误，并且要鼓励员工大胆试错，在试错中成长。但是，容忍员工犯错不是指在违反了制度后不按制度处罚，而是在按制度处罚后，根据实际情况，给予员工一些安慰或帮助，让员工明白自己对事不对人，帮助员工走出犯错处罚带来的负面情绪。

4.4 剔除"蛀虫"，是在对优秀员工负责任

杰克·韦尔奇将员工分为三类：20%是A类员工，70%是B类员工，10%是C类员工。其中A类员工满怀激情、勇于负责，他们不仅自身充满活力，还能带动同事的积极性，提高工作效率。这种激情又是区分A类员工与B类员工的关键因素。通用电气企业投入大量精力放在提高B类员工的水平上，部门经理要不断帮助B类员工成长为A类员工。而C类员工是不能胜任自己工作，需要淘汰的人。

案例

李莉是北京一家企业的销售经理，最近企业新招来两位女员工，其中一个话比较少，但工作很认真；另一个面容姣好，能说会道，很被看好。但企业要求在试用期后留下一名员工。

面容姣好的女员工在试用期的前两个月，工作努力，两个月后，业绩就变得平庸，每次都刚刚达到最低考核标准。起初，李莉以为是该员工还未融入企业环境导致的。

为了帮助她提高业绩水平，李莉专门安排了一位经验丰富的老员工带她，但3个月之后，该实习员工不仅工作水平没有提升，

还逐渐失去了工作的积极性。李莉专门找她谈话,并许诺只要她能够完成工作任务,一定会给予其丰厚的物质奖励,但依旧没有效果。

反观另一名员工,工作认真,每次都能很好地完成工作任务。试用期即将结束,如果留下一个平庸者,难免会让那些业绩优秀的老员工感到不公,影响整个工作氛围。李莉多番考虑,最终决定录取工作认真的那位员工。

一碗水端平的管理模式看起来很公平,但对优秀员工来说,是最大的不公平。优秀员工创造了企业80%的利润,但收入与平庸员工相差无几,难免会产生不公平的想法。一旦优秀员工有了这种想法,就会降低企业的整体工作效率,优秀员工可能会被逼走。因此,企业管理者一定要及时淘汰那些平庸的员工。

通常情况下,企业都有一套完整的人事体系,明确地规定了什么情形下可以主动与员工解除劳动合同。管理者应该借助这些制度来淘汰那些平庸的员工。此外,在招聘时做好把关,从根源上减少平庸者的数量,从而为优秀员工打造一个充满活力的工作环境,带动整个企业的发展。

4.5 高度警惕,莫让员工报喜不报忧

很多员工在向领导汇报工作时,只讲成绩、讲好事,而不讲对自己不利的内容。这种做法会妨碍管理者了解真实情况,影响管理者做出正确的决策,错失解决问题、化解危机的良机,甚至可能会给企业造成严重的损失。

> **案例**
>
> 德国一家知名企业也曾出现过信息传递有所保留的事情：一线员工在拓展市场时发现企业的一个大客户被竞争对手抢走了，便立刻通知主管，直言这会影响到整体效益，但主管为了自己的工作业绩，在向上司汇报时，隐藏了重要客户流失的问题。
>
> 经理不知道具体情况，认为只是小客户流失的问题，所以没有在意。当总裁向这位经理询问市场开拓的情况时，经理直接转述说："市场开拓得很好，没有遇到问题，很多客户都有与我们合作的意向。"总裁也就放下心来。但一个月后，企业召开了月销售会议，总裁才知道不仅市场开拓失败了，还流失了很多重要的客户。

上述案例就是典型的报喜不报忧，一层一层地隐匿问题，给企业带来了巨大的损失。英特尔总裁格鲁夫对企业内部的此类隐匿现象深有感触，他说："高层管理者很晚才能知道周围的世界已经发生了变化，负责人则是最后一个知道真相的人。"

那么，怎样才能避免员工报喜不报忧？有以下几个方法。

1. 管理者要乐意听坏消息

管理者的态度影响着员工的行事风格，因此管理者一定要坚定地表明自己的态度：坏消息要最优先告知。这样不仅能预防员工隐瞒失败，管理者也能及时指导员工的工作，化解负面情绪与问题。

2. 管理者应该积极走出办公室

多与员工沟通，了解员工的状态与实际情况，是管理者必须要做好的工作。英特尔鼓励员工越级汇报在工作中遇到的问题，总裁格鲁夫不管每天多忙，都会打开电子邮箱，查收来自世界各地一线员工的工作汇报，这种越级的汇报真实性更高，因此格鲁夫十分重视。

3. 完善监督机制

通过监督机制奖罚分明，严惩员工报喜不报忧、弄虚作假的行为。要求员工在汇报时要措辞精确，不允许使用模糊的词语，比如"出了点问题""还行""还可以"等，一旦员工使用了这些词，管理者一定要追问具体情况，以免信息偏误，给企业造成大的损失。

员工报喜不报忧意味着制度难以贯彻落实，从而为企业的发展埋下祸患，因此一定要高度警惕并杜绝这种行为。

4.6 员工之间也可以互相监督

虽然企业可以通过健全的监督机制来检查制度的执行情况，但其中依然存在很多问题，其中最为严重且难以解决的是员工之间的互相包庇、纵容。

受管理范围和人情世故等因素的影响，很多员工会帮助违反制度的员工隐瞒事实。为了避免这种现象，企业应该实现员工之间的互相监督，具体做法如下。

1. 建立互相监督的制衡机制

在执行制度的过程中，企业应该建立部门之间、员工之间互相监督的制衡机制，鼓励发现违规及时举报的行为。同时还要为举报员工提供奖励与保护，以防止被举报员工打击报复的现象。最后还要给予知情不报与包庇隐瞒的员工严厉处罚。

2. 进一步完善内控机制

从进行岗位分析入手，建立健全的岗位责任制，将岗位的责任进行细分，以此来实现员工之间互相监督、互相竞争、互相约束的目的，促进工作效率的提升。

合理、科学地分配工作是实现"人人有事做，事事有人管"的关键。它并不单单指把工作交给正确的人，还包括让正确的人做好该做的事情。

企业要为员工之间的互相监督设定期限、条件和方法，还要定期检查实施的具体情况，然后以此为基础给予员工相应的奖励和惩罚。通过这样的做法，每个员工都能承担起监督的责任，推动制度的强有力执行。

4.7 坚持到底，不能只做表面文章

制度监督是一项需要长期坚持、常抓不懈的任务，如果不能如此或者只做表面文章，这项任务就很容易出问题。最明智的做法是将制度监督落实到日常工作当中，讲究效果，及时问责，还要将之当成一种习惯，做到及时发现问题、解决问题，不断提升整体员工的执行力，推动企业健康持续地发展。

制度监督不仅要长期坚持，还要落到实处。由于监督的重心是问责，而问责的重心是"问"，所以管理者要在充分考虑权责对等的情况下，秉持"打破砂锅问到底"的原则。另外，管理者还要明确员工是否遵守制度，是否在规定时间内完成工作。

在追究问题的时候，要做到从上到下，即员工出现问题，其直接管理者有不可推卸的责任。这就需要管理者不断进行自我反省，为自己工作中的不足承担相应的责任。

总而言之，要想将制度落实到每一项工作当中，必须做到坚持监督，及时追究，让员工感觉到纪律的约束，自觉用制度来要求自己、提升自己。

考核到位，制度执行情况才能衡量

考核的意义在于对制度执行的情况进行衡量，同时给予员工一个合理的解释，让他们能够接受自己得到的奖惩。每位员工心里都有一杆秤，都有自己的评价标准，所以考核一定要公平公正，不能因为一时疏忽，打翻这杆秤，最终导致凝聚力的下降。

5.1 让考核常态化，切忌"隔三岔五"

考核可以判断员工在某一特定阶段的状态，目的是充分调动员工的积极性，使其为企业创造更多价值。在制度执行的过程中，考核是一个非常重要的环节，但很多企业都对这个环节表现出可有可无的态度。这样的做法不利于企业的长期发展，只有将考核常态化，才能让员工一直保持紧张感，从而使考核发挥出应有的推动力。

周扬在一家私营企业担任了三年的部门经理，他刚入职的时候，这个企业才成立两年左右，还没有完整的考核体系。而且因为创始人自己所拥有的资源，就能够让企业保持较快的发展速度，所以大多数员工都有非常强烈的优越感，总是脱离制度做一些自己想做的事情。没过多久，企业的效益就开始大幅度下滑。

为了改善企业的现状，创始人让周扬拟定一份考核计划，设置一些考核标准。对照这些考核标准，很多员工发现自己根本不合格，为了能顺利通过考核，大家都拼命地"补习"制度。

一个月后，90%以上的员工都对制度有了深刻了解，也开始按照制度做事情。对于这样的结果，创始人非常满意，于是就中断了刚刚发挥作用的考核。两个月后，创始人发现员工的积极性又回到了从前，所以要求周扬重新安排考核。

实际上，这种断断续续、反反复复的考核，不仅没有对企业效益的提高产生有利影响，给员工带来的进步也非常有限，而且还弱化了考核的严肃性。

由此可见，真正的考核不是突击检查，也不是某一次严格检查，而是要长期坚持下来。只有持续不断地考核，并根据员工在这一过程中的具体表现，实施奖惩措施，才能产生更好的效果。

5.2 态度是一个必不可少的考核要素

案例

栾刚是一家互联网企业的员工，他喜欢自由，非常不愿意受到拘束，对于制度更是表现得十分厌烦。有时候，即使知道违反制度会受到批评，他也根本不在乎，依旧我行我素。在这家企业当中，像栾刚这样的员工不在少数。

人力资源经理意识到这一问题的严重性，认为必须要改变员工对制度的态度。所以就想出了一个办法：将员工对制度的态度纳入考核当中，并且考核的结果直接与奖金挂钩。

使用这个办法不到两个月，栾刚和其他员工的态度就改变了很多，工作的效率和质量也有大幅度提升。因为之前违反制度就只会受到批评，而现在则意味着奖金的减少。

通过栾刚所在企业的经历可以知道，态度带给员工的影响究竟有多大。一般来说，态度应该包括很多主观因素，如主动性、热情、忠诚、积极性等，这些主观因素虽然难以界定和计量，但是非常重要，绝对不可以忽视。

如果员工认可制度，就能够自觉、自愿地遵守，这个过程会产生很多乐趣，员工也可以从中获得成长与成就感。企业要想达到这样的状态，就要端正每一名员工的态度。

很多企业都非常重视员工的态度，英国知名电信企业NTL的总裁罗伯特·威尔兹就说过："在企业里，员工与员工之间在竞争智慧和能力的同时，也在竞争态度。员工的态度不仅决定了他们的行为，也决定了他们是尽心尽力还是敷衍了事，是安于现状还是积极进取。"因此，态度也应该成为考核的一部分。

那么，怎样才能将态度纳入考核当中？首先，管理者要详细列出有关态度的指标；其次，将这些指标公布给员工，让员工明白自己怎么做才能够通过考核；最后，在平时的管理中，管理者要积极奖励态度好的员工，这种奖励意味着肯定与认可，有利于让员工认真、严格地遵守制度。

俗话说，"态度决定一切"。如果一名员工的态度不端正，缺乏对制度的敬畏心，那么他很难认真工作，也无法为企业带来效益。因此，把态度纳入考核之中非常必要。

5.3 依靠机制，提升考核的系统性

考核是提升绩效的强大动力，它以管理目标为导向，以责任为基础，通过定期检测员工的行为，以奖惩制度进行正向激励。考核的核

心是肯定积极行为、否定消极行为，然后不断激励员工提升自己，努力创造佳绩。

为了让考核顺利完成，提升管理水平和运营效率，企业有必要建立相应的机制。从本质上来讲，考核机制是通过打造良性竞争来增强员工的实力。那么，企业应该如何依靠机制来提升考核的系统性？具体方法如下。

1. 考核流程要科学

在考核的时候，企业需要为不同的岗位设置不同的考核流程，以便优化整个考核机制，保障各个环节的实施顺利。此外，企业还需要根据实际情况，不断改善考核流程，明确定位，合理分工。

2. 考核人员要慎重选择

考核是一项复杂的系统性工程，需要实力超群的人员才能胜任。在选择考核人员时，必须以综合素质为核心，并且还要对其进行培训，使其牢牢掌握考核的内容、方法、标准，这样才可以确保考核机制的顺利实施。

> **案例**
>
> 张仁杰是北京一家零售企业的创始人，他建立了一种新型的考核机制。简单来说，经理的上级是总监，总监的上级是副总裁，总监对经理进行考核时，副总裁与人力资源部门同时参加，形成一个三对一的模式，这样有利于充分保证考核的系统性与科学性。

3. 考核方法要多样

要想让考核机制更加科学、高效，必须在全面了解员工的实际情况以后，多途径进行考核。以考核稽查人员为例，考核人员首先要了解与市场监管有关的制度，然后通过一线员工、零售商、消费者等的反馈与评估，掌握稽查人员的状态，以确保考核的公正。

要想保持考核的系统性，从考核流程，到考核人员，再到考核方法以及反馈，这些环节缺一不可。考核在形成机制以后，可以对制度的执行与员工的积极性产生促进作用。

5.4 员工参与考核，结果更加科学、透明

考核不仅会严格规范员工的行为，还会将员工的利益与企业的目标紧紧捆绑在一起，所以绝大多数员工都会把考核视作"紧箍咒"，从而产生抗拒情绪。为了避免这一现象，减少来自员工的阻力，企业在推行考核的过程中会尽量减少员工的参与。

但是，考核的主要目的是让员工意识到自己的不足之处，如果不让他们参与进来，就很难保证最后的效果。简单来说，只有员工充分参与到考核当中，才能最大限度发挥他们的实力和潜能，保证制度的执行。那么，企业具体应该怎样做才能让员工参与到考核当中呢？具体方法如下。

1. 按照员工的意见选择考核主体

考核主体直接影响着员工对考核结果的认同感，因此，企业可以通过不记名投票、问卷调查等方式，让员工最大范围地参与到考核主体的选择上来。

2. 制定切合实际的考核方案

在制定考核方案时，首先，必须深入实际，详细了解各部门的岗位设置情况、员工工作情况；其次，与各部门管理者一起研究考核的详细内容、具体方法等；最后，将考核的结果与员工的薪酬、晋升、调整、胜任评价等挂钩，使员工产生"与自身相关"的紧密感，从而

主动参与到考核当中来。

3. 慎重制定考核标准

要想保证员工在考核当中的参与度,在制定考核标准时,可以采取上下互动的形式,即通过各等级员工的层层讨论,让员工充分参与进来。在广泛听取意见的基础上制定考核标准,可以进一步增强员工的认同感。

4. 对全体员工进行相关培训

进行相关培训的目的是提高员工的考核意识。现在,大多数员工都对考核有很强烈的反感,甚至敌对情绪,这是因为他们没有理解考核的真正意义,而是只看到了考核表面上的约束作用。

5. 重视员工意见,不断优化考核制度

任何考核制度都存在一定的缺陷,而这些缺陷会引起员工的不满,企业也会有所顾忌。因此,要广泛发扬民主精神,重视员工对考核制度的意见,有则改之,无则加勉。

> **案例**
>
> 李文哲是上海一家传媒企业的总经理,他非常重视考核,为了保证考核的公正性,他会让员工参与进来。
>
> 李文哲与员工一起熟悉制度的内容,并为员工讲解考核的相关事宜。制度考核小组是在充分参考员工意见和建议之后选择出来的。在这样的做法下,即使员工最后没有得到好的考核结果,也不会产生任何不满。
>
> 除此之外,李文哲还会在征得员工本人同意后,公开结果。结果的公开一方面能帮助后进员工意识到自己的问题,知道该如何努力;另一方面也会对优秀员工产生激励作用。久而久之,自然就保证了考核的公正、科学、透明。

在激烈的竞争压力下,员工大都希望自己在部门甚至企业中能有更多的发言权,同时也都渴望得到一个公正公平的评价和反馈,因此,让员工参与到考核当中,是弱化甚至消除员工抵触情绪的最佳手段。

5.5 妥善解决争议,做合格裁判

员工之间的友好气氛是每个管理者都希望看到的,但由于每名员工的性格、年龄、价值观、工作风格等因素的不同,产生争议确实在所难免。

考核完成后,如果员工之间出现争议,管理者的沉默就等于纵容,很可能会使原本比较浅层的争议再度升级。因此,在争议出现的第一时间,管理者就应该妥善解决。作为一个合格的管理者,到底应该如何妥善解决争议?需要把握如下三点。

1. 不偏不倚

管理者在解决员工争议时,首先要秉公办事,不能有私心。如果管理者有私心,做不到公平公正,会深化员工之间的矛盾,不利于日后的管理。

2. 了解原因

在企业当中,向来优秀的员工也有犯错误的时候,表现一贯不好的员工也不一定不在理,所以管理者要深入调查争议的原因和过程,才能把握全局,抓住关键,有的放矢地解决争议。

3. 一事一断

在解决争议的过程中,管理者不能套经验,而是要因时因地因人因事而异,做到一事一断。因为每位员工和每件争议都有鲜明的特点,不太可能一成不变。

> **案例**
>
> 丁宇是一家中型企业的副总裁,他的两名得力干将李伟和张鸥突然争吵起来。知道这件事情后,丁宇立刻把二人叫到办公室,并询问争吵的原因。原来李伟和张鸥在谁去组建新团队的问题上产生了严重分歧,二人都试图说服对方。
>
> 丁宇十分纠结,李伟的意见很有道理,也具备创新性,但他为人异常自大,在企业内部树敌颇多;而张鸥做事稳妥,比李伟更受欢迎,但个人能力还有待提升。究竟让谁去组建新团队,丁宇拿不定主意。
>
> 虽然丁宇比较喜欢张鸥的性格,但出于公平公正的考虑,他还是分别与二人进行了谈话,了解他们对新团队有什么想法。在谨慎思考后,丁宇决定将组建新团队的相关事宜交给李伟,让做事稳妥的张鸥负责企业内部的事情。
>
> 为了让李伟和张鸥对结果心服口服,丁宇将二人叫到一起,首先表达了自己对二人想法的肯定;接着又说明自己对组建新团队的态度与期望;最后从二人的优势出发,说明自己为什么要做这样的选择,以此来化解二人心中的不满情绪。

越是在争议面前,管理者越要大公无私,谨慎对待,做到对事不对人。除此以外,管理者还要学会主动出击,做一个公正的裁判,及时化解员工之间的矛盾,维护企业内部的团结。

5.6 将考核结果充分利用起来

如今,考核的重要性已经得到普遍认同,很多企业都开始关注这项工作。但不可否认的是，能够借助考核实现预期目标的企业并不太多，其中一个原因就是没有将考核结果充分利用起来。那么，企业应该如何充分利用考核结果？具体做法如下。

1. 发现隐藏的问题

考核的一个重要目标是改进，而想要实现改进，首先就得发现问题。考核结果能直接体现出员工在某一阶段存在的问题，企业和员工能据此进行深入反思和检讨，找到可以改进的地方。另外，管理者与员工进行有关考核结果的沟通，有助于拉近二者的关系，实现现代考核所强调的双向性。

2. "淘汰"出活力

根据考核结果适时淘汰员工，让员工产生危机感，使其最大限度地发挥能力，从而提高工作的效率与活力。

根据考核结果，对员工的表现进行优劣划分。对于优秀员工，企业既要落实物质奖励，也要给予精神奖励；对于考核结果一般但又不用淘汰的员工，要及时进行诫勉谈话，必要时还可以适当给予惩罚，不过要把握好力度。

3. 制订员工改进计划

企业除了要根据考核结果对员工进行奖惩和淘汰外，还要帮助他们制订改进计划。改进计划不仅可以使员工的能力获得提升，还可以为下一个考核周期做准备，推动新目标的设置。

在制订改进计划之前，管理者要和员工对考核结果及不足之处达成共识。因为制订改进计划的目的是帮助员工不断提高自己，一切都要以员工的实际情况为基础。

通过考核结果，对员工的状态以及存在的问题进行鉴别，实施不同的改进计划，从而达到提高员工能力、改善工作效率与活力的目的。

有效沟通，要管人不妨先管心

美国通用电气前CEO杰克·韦尔奇曾说："管理就是沟通、沟通、再沟通。"有了沟通，管理者才能将重要事项交代清楚，才能有效把握员工执行的情况；员工才能知道执行的方向和要达到的结果，才能明确自己要做些什么。

6.1 沟通时，提建议比下命令更有价值

很多企业的管理者都自视过高，经常用命令的语气给员工安排工作任务、与员工沟通。对于管理者来说，这样的做法既能彰显自己的身份，又能让员工的工作更有效率。

但事实真的如此吗？很显然，并不是。因为命令带有非常明显的强制性，会直接剥夺员工自我支配的权利，给他们一种被压制的感觉，从而阻碍了他们的创造性思考。

要想避免上述现象，管理者必须学会用建议代替命令，那么具体应该怎么做？

1. 态度和善，注意用词

管理者在与员工沟通时经常说"阿伟，进来一下""小李，把文件送去复印"，这样的用词会让员工有一种被呼来唤去的感觉，这是对他们的不尊重。所以，管理者可以适当使用一些礼貌性语言，例

如，"阿伟，麻烦你进来一下""小李，请把文件送去复印，谢谢"。要记住，提建议的首要原则是懂得尊重员工。

2. 明确可代替命令

对于企业战略建设、企业未来发展方向等关键问题，管理者还是以命令的形式传达下去，以体现严肃性。而对于一些不太重要的琐事，例如，违反制度的原因分析、考核结果的面谈等，用建议的形式更容易让员工接受。

3. 共同探讨，提出对策

在沟通的过程中，可以让员工表达自己的想法，给出自己的观点，这样的做法有利于让结果更加真实有效。例如，管理者想要修改制度，可以把所有员工集合在一起，大家共同探讨，积极发挥头脑风暴的作用。

4. 多给员工说话的机会

与员工沟通时，管理者要学会反问员工有什么问题及意见，例如，"关于违反制度的处罚方式，你还有什么意见吗？"通过这样的做法，员工可以充分展示自我，管理者的意愿和最终结果才能被更好地接纳。

提建议的沟通方式能拉近管理者与员工之间的距离，也有利于提高员工接受任务、执行任务的效率，这要比直接下命令的价值更大。

6.2 坦诚相待，消除沟通障碍

在员工关系管理过程中，交流与沟通至关重要，作为企业的管理者，必须要懂得交流与沟通的技巧，同时还要秉持"员工为我，我为员工"的理念。

员工与管理者是合作伙伴，管理者要站在平等的角度和员工进行沟通。但是真正实践的时候，总会遇到一些障碍，其中影响较大的一个就是管理者对员工处处设防，不能坦诚相待。

那么，怎样做才能实现管理者与员工之间的坦诚相待、消除沟通障碍？具体方法如下。

1. 营造坦诚的氛围

坦诚是最锋利的"武器"，在沟通的整个过程中，管理者要让员工看到和感知到自己的坦诚，为接下来要讲的事情做铺垫、打基础，营造一个良好的氛围。只有这样，员工才有可能敞开心扉，表达自己内心深处的想法，从而达到沟通的目的。

2. 有效率的沟通

在沟通的时候，管理者要掌握主动权，不要绕弯子，要做到直切要害，快速解决员工的诉求，体现出自己的真心实意。另外，即便有一些事情不能告诉员工，管理者也可以直接解释不能告知的原因，让员工知道这不是刻意隐瞒。

3. 不让员工受伤害

交流和沟通非常讲究策略，如果管理者想让员工打开心扉，那不仅要让自己坦诚相待，还不能让员工受伤害，员工所说的话必须保密。管理者若是把员工所说的话搞得天下皆知，不仅会失去员工的信任，还会影响自身的形象及信誉。

> **案例**
>
> 松下电器之所以一面世就受到热烈追捧，除了物美价廉以外，还在于产品技术的不断创新。通常情况下，对于影响着自身发展的技术，企业会视为珍宝、守口如瓶，但松下电器的创始人松下幸之助却没有这么做。

相较于技术,松下幸之助更重视人才,所以他毫无保留地将技术公开,供企业骨干及有培养前途的员工学习研究。当时,松下幸之助的朋友对他说:"如果这些关键的技术被泄露出去,你的企业还要不要继续发展?"但松下幸之助满不在乎地回答道:"如果对自己的员工处处设防,才会损害企业的发展。"

事实证明,松下幸之助的这种做法不仅赢得了员工的信任与拥戴,还进一步激发了员工的工作积极性。虽然这个案例看似与沟通没有太大联系,但其中的道理值得所有管理者学习,那就是必须与员工坦诚相待,要让员工感受到信任。

明智的管理者懂得什么时候应该设防,什么时候应该卸防。而且还会考虑员工的感受,然后在员工能接受的程度上,对企业的事务及制度做出更合理、更人性化的安排。

6.3 重视员工的抱怨,不让抱怨扩散

不论在哪家企业,员工都会有各种各样的抱怨,这里所说的抱怨主要涉及薪酬福利、工作环境、同事关系、部门关系等方面。当员工认为自己受到了不公正待遇或者现实达不到预期时,确实很容易产生不良的情绪。

对于管理者来说,解决员工的抱怨是日常工作之一,至于具体应该怎么做?需要注意以下几点。

1. 接受抱怨

管理者首先要正确对待员工的抱怨。抱怨是一种发泄,员工需要听众,而这些听众往往是员工最信任的人。当管理者发现员工需要抱

怨时，可以找一个单独的环境，让员工无所顾忌地表达自己的不满，而管理者所应该做的就是认真倾听。

2. 了解起因

任何抱怨都有起因，管理者要从员工的抱怨中了解事件的真相，还应该多听听其他员工的说法。在没有完全了解真相之前，管理者不要发表任何言论，过早地表态只会使事情变得更糟。

3. 平等交谈

有一部分需要做出处理的抱怨，往往是因为企业的管理或某些制度的内容出现问题。对于这部分抱怨，管理者要先和员工进行平等的交谈，使其平静下来，然后再采取有效的措施。

4. 处理果断

处理抱怨的时候，最忌讳的就是拖着，所以管理者必须要果断，当员工出现不满情绪，应该立刻采取措施。另外，管理者还应该针对不同的抱怨采取不同的措施，例如，规范工作流程、岗位职责、管理制度等。

王旭有非常强的能力和责任心，每次都能按时按质地完成经理交给他的任务，但是不知道为什么，部门经理好像不喜欢他，总是不给他什么好脸色。

久而久之，王旭就养成了抱怨的习惯，经常对其他员工说，"我每个月拿这么低的薪水，要完成的任务这么多，经理还不喜欢我。"面对他的抱怨，经理并没有放在心上。于是，王旭的抱怨变本加厉。

这件事情传到了总裁那里，总裁在派人考察了王旭的工作后，发现他的能力确实非常突出，业绩也名列部门前茅，所以就提高了他的薪酬。同时，总裁还找经理谈了一次话，让他重视员工的抱怨，及时找到原因并尽早化解。

由上述案例可知，不管什么时候，管理者都要重视员工的抱怨，该沟通的要及时沟通，以免因抱怨扩散而带来更加严重的后果。除此以外，在修改制度时，管理者应秉持民主、公开、公正的原则，让员工参加讨论，同时还要向所有员工公开新的制度，这是防止员工对制度产生抱怨的一个好办法。

6.4 掌握谈话技巧，解决疑难问题

人与人之间、人与群体之间都需要沟通。作为管理者，工作计划、发展目标能不能如期无误地实现，制度有没有被所有员工了解并遵守，在很大程度上取决于是不是与员工进行了有效的谈话。

要想与员工保持良好的关系，成为一个明智的管理者，就必须掌握谈话的技巧，解决管理过程中遇到的疑难问题，具体做法如下。

1. 感情真挚

与员工谈话的重要前提是管理者要感情真挚、态度诚恳。感情体现在信任的态度上，管理者要尊重员工，充分信任员工，这样才能消除隔阂，减少员工紧张和戒备的心理。同时管理者还要耐心地倾听，在合适的时候给予员工回应，以表示自己的诚意。

2. 把握时机

与员工谈话的重要基础是选择恰当的时机。太早，条件不成熟，达不到预期目的；太晚，又会失去主动权，不利于问题的解决，甚至给企业造成损失。

例如，当员工受到惩罚、奖励或工作有变动时，管理者需要立即与员工进行谈话，来弱化不良影响；当员工因为自身责任心不强而出现失误时，管理者也应该尽早与员工谈话，谈话的主要内容往往是帮助员工分析原因、总结经验、吸取教训。

3. 因人而异

谈话要因人而异，有较强的针对性，也就是说，员工不同，需求不同，谈话的内容、方式和语言等也要有所不同。在谈话时，绝大多数员工都会有揣测、防御、恐惧、对立、懊丧等情绪，这就要求管理者注重员工的心理状态，及时消除影响谈话的因素。

4. 内容有理有据

谈话的内容要服从事实，不能只是一堆虚理，所以管理者必须要以证据为基础，尊重客观实际，实事求是地评价员工。对于员工，管理者要一分为二地看，既要看到其缺点，又要看到其优点，不要"一棍子打死"，更不要"我一讲，你就得服"。用事实和证据说话，员工才会真正的服气。

5. 方式灵活多样

由于目的、对象、严重程度等的不同，谈话的方式也应有所不同。现在比较常用的方式有以下几种。

（1）询问型交谈。管理者要掌握"问"的技巧，在问的过程中注意消除员工的焦虑，还要对不同的员工采取不同的问法，例如，直接问或者委婉一些。

（2）批评型交谈。当员工犯下较为严重的错误时，管理者可以进行单刀直入的批评，或者先进行引导式的自我批评。但效果比较好的还是先肯定员工的成绩，然后引导员工认识到自己的缺点和错误，使之自觉改进。

（3）商量型交谈。管理者可以用商量的口吻与员工进行交谈，同时还要辅之关心、信任的态度。在这一过程中，管理者要给员工解释、发表不同看法的机会，争取在友好的气氛中解决问题。

管理者与员工谈话时，一定要注意使用上述几点技巧，以免出现"沟而不通"的现象，耽误疑难问题的解决。

6.5 循循善诱，让员工说出肺腑之言

管理者都知道了解员工的心理活动很重要，但在实际的管理当中，能真正做到这一点的很少。大多数管理者都是在用强制性的命令或者批评员工，这对企业而言，并不是一件好事。

试想，如果员工都按照命令行事，从来不发表自己的意见或建议，企业会有很大的发展吗？估计很难。

作为管理者，应该引导员工说出自己的肺腑之言，让员工充分发表自己的观点和真实想法。具体可以从以下两个方面进行说明。

1. 营造民主氛围

营造民主氛围就是要消除员工心里的各种顾虑，形成管理者与员工之间相互信任的关系。这样可以促使员工毫无保留地说出自己的想法，为企业提供新思路。

管理者在与员工交谈的时候，要关注提建议的阶段，不能直接批判或反对员工的观点。此外，对于提出新思路的员工，管理者要给予口头或者物质奖励，以提升整个企业的创新性。

李伟奇是北京一家企业的营销总监，他一直希望营销部门可以没有沟通界限，员工能够毫无保留地发表意见。为了实现这一

希望，李伟奇在与员工谈话的时候都会表现得非常亲切、和蔼，致力于营造一个民主氛围。

另外，李伟奇还会让员工坦率地陈述困惑，找到自己身上存在的问题，以改进管理，提高工作的质量和效率。这样的做法不仅为营销部门带来了业绩上的巨大提升，还改变了员工的精神面貌，给整个企业带来了生气。

2. 学会引导

有研究表明，80%以上的管理者都不善于引导，而这种引导技巧的缺乏很可能会让管理者错失良机，做出不合时宜的决策，最终导致一系列不良后果的出现。

管理者要学会引导员工，做好这件事情并不是特别难，除了提问等语言行为以外，还有一些非语言行为，例如，眼神接触、某个放松的姿势、某种友好的面部表情等。

与员工沟通是一门学问，管理者不仅要营造气氛、积极引导，还要对员工所说的话表示出强烈兴趣，带着理解、尊重和关心，认真地倾听。

6.6 多向员工强调"共同利益"

"得人心者得天下"，企业和员工就像鱼和水一样，二者相辅相成，企业要想发展好，就离不开员工的支持。因此，管理者一定要与员工处好关系，做好企业内部的团结工作，增强企业的凝聚力。而要达到这一目的，一个不错的办法就是强调"共同利益"。

在管理员工的过程中，难免会遇到个人利益与企业利益冲突的情况。此时，员工的选择必然偏向于个人利益，这非常不利于企业的长期发展。

但是，如果让员工的个人利益变成与企业息息相关的共同利益，就能有效解决上述问题。那么管理者应该如何实现个人利益与共同利益的转化？具体方法如下。

1. 强调发展目标一致

企业要在市场中生存下去必须不断发展，而员工作为企业的一份子，也有着同样的要求。

在与员工沟通时，管理者要把员工的个人发展与企业的整体发展联系在一起，让员工感受到企业对他的重视与厚望，让员工明白自我价值的实现离不开企业整体利益的实现。

2. 适度关心员工的个人问题

在企业里，管理者如果能像关心效益那样关心员工，那么员工肯定也会以同样的真心回报管理者，把管理者当成"自己人"，把企业当成自己的家。

> **案例**
>
> 李华大学毕业后进入了一家民营企业，在不到两年的时间里，他迅速成长为企业的骨干。但当企业准备大力提拔他时，他却提出了辞职。经理非常不解，最后通过私下沟通才了解到他辞职的真正原因。
>
> 原来，李华觉得经理太不近人情，一点都不关心员工。有一次，李华陪同经理出差，业务谈成后突然接到家人电话，说爷爷生病进了医院，在他向经理请假想要提前回去时，却遭到了拒绝，而且经理还催促他完成后续的工作。这件事情让李华感到非常伤心，所以没过多久就提出了辞职。

管理者应该多站在员工的角度考虑问题，耐心与员工沟通，不要忽视员工的个人需求，这样才能让员工觉得管理者和自己之间存在共同利益。

通过强调共同利益，员工那种独善其身的想法会有很大改变，一旦形成习惯，员工就能把自己和企业、管理者联系在一起，沟通中遇到的问题与阻碍也会减少。

下篇

流程，让事务更有条理

七种怪象：流程管理迫在眉睫

流程是企业进行规范化管理的主要内容，很多企业已经认识到流程管理的重要性，但遗憾的是，很多企业在流程管理方面还存在不少问题，本章总结了七条企业缺乏流程竞争力的表现，解决这七个问题是企业实现流程管理的重要前提。

7.1 权本位观念主导：流程混乱，无价值输出

企业中有一种很常见的观念，叫作权本位观念，这种观念广泛存在于中小型企业，中小型企业流程与制度相对来说都不够健全，管理者既是所有者又是决策者。

企业管理层为什么会出现权本位观念？一是企业没有长远的发展战略；二是企业没有建立短期和长期的激励机制。长此以往，管理者在企业中拉帮结派的现象严重，流程之间的紧密联系被行政关系阻断，流程结构混乱无序，致使很多部门的项目只有投入，却没有创造出相应的价值。

那么，企业如何应对这样的现状，来保证流程管理能够顺利实现？措施如下所示。

1. 制定基于流程的绩效考核及晋升机制

员工的职位升迁、奖金分配以及考核等项目，都依赖于绩效考核

体系。绩效考核体系是否合理，会直接影响员工的工作成效。实施绩效考核有助于员工把精力集中到真正重要的事情上来，管理者合理安排工作计划，从而使得权本位观念转化为能力本位观念。

2. 制定符合企业现状的流程，并严格遵守

流程管理的最终目的是实现企业的科学运转，帮助员工走上正确高效的工作道路，从而实现经济效益的最大化。这就要求管理者在制定流程时，要立足于企业现状，一切从实际出发，并且严格按照制定好的流程进行管理活动，从而实现流程管理应有的价值。

> **案例**
>
> 何宁曾在上海一家大型技术型企业的销售部担任小组长，这家企业决定扩张，将在半年后在北京开设分公司，高层公布将从现有的各部门中挑选小组长调任北京，并且负责分公司的管理工作。其中有两个挑选标准，一是近一年的销售业绩，二是各部门管理者直接推荐。
>
> 为了更好地实施这一决策，这家企业高层授予了各部门管理者较大的权利。为了获得调任的名额，小组长们在接下来的六个月里，都对管理者费心讨好，这直接导致管理者自我膨胀，每次决策或安排工作时总是高高在上，完全听不进别人的建议。
>
> 最终造成这家企业管理混乱，应遵守的流程被破坏，没有发挥出应有的作用，并且企业的业绩不断下滑，设想好的扩张计划也搁浅。

从这个案例可以看出，企业只有制定高效、无误的流程管理方案，并且做到严格的执行，才能保证不再出现权本位观念，以此来保障企业的高效运营。

7.2 责任界定模糊：事不关己型员工比比皆是

企业流程管理中遇到的第二个问题就是流程接口的责任界定模糊，经常发生流程对接问题，甚至出现中断流程正常运作的现象，没有相对应的员工承担责任，没有实现责任到人，最终导致员工之间、部门之间互相推卸责任，造成企业没有必要的内耗。

企业应该如何应对这一问题？具体措施如下。

1. 用流程清晰规定各个岗位的职责和相对应的员工

员工是企业竞争中制胜的关键。企业实施流程化的管理，更利于发挥员工的作用。企业的流程管理工作会将企业的工作内容进行具体的划分，将工作流程用流程图表的方式展示出来，并详细描述各个岗位的工作职责，将相应的职责分配到各个员工身上，让每个员工都能清楚自己的职责，让工作变得简单化，以此降低企业的运营成本。

2. 指定流程责任人

企业流程管理需要有明确的负责人来负责流程的建立、优化等工作。企业的成功运作需要很多流程来指导和支撑，仅仅有部分员工来负责流程管理是不可行的。

在企业流程管理部门的统一组织下，由业务各部门挑选员工来承担某个具体流程的建立、优化和解释工作，如果某个员工在工作时遇到流程问题，就会有一个专门的人来解释和辅导，这样做不仅将整个流程的管理工作落实下去，还能将责任明确到人，明确界定员工的责任。

3. 将员工应尽的责任与员工利益挂钩

用将员工应尽的责任与员工利益挂钩的方式来引导员工明确自己的责任，避免事不关己现象的出现。

> **案例**
>
> 　　上海一家广告公司由于刚刚实施流程管理，没有安排专人负责相关工作，也没有对员工的职责进行详细规定，各部门除了负责自己的工作外，完全不负责处于灰色地带的工作。
>
> 　　为改变这一现状，这家广告公司设立了流程管理部门，每一项工作都安排到人，并在流程图表中匹配其相应的职责，明确界定了每个员工的责任，员工按照流程去执行工作任务，最终公司的举措得到了很好的结果。

7.3 流程意识淡薄：无大局观，管理各行其是

总会有一些企业管理者抱怨流程管理没有做到切实地执行，形同虚设。

出现这一问题的根本原因是：企业远景、战略目标以及价值观不明确、不统一；管理者在工作时以自我为中心，不以企业结果为导向；企业的流程管理没有规范统一的标准。长此以往，企业部门之间相互不配合，员工的工作进度与项目整体流程难以对接。

企业应该怎么做，才能改变流程管理中遇到的这一问题？方法如下。

1. 部门管理者带头

流程管理部门与各部门的管理者需要进行沟通，将搜集到的问题进行详谈。在交流的过程中，可以列举工作中出现的真实案例来加以说明，让各部门管理者改变自己对于流程管理的态度和改进工作方法，形成大局观。

2. 拓展工作联系

流程管理部门可以利用各部门之间现有的合作基础，进行横向或是纵向的拓展。部门管理者之间的联系不要局限于具体的工作事务，可以组织一些跨部门活动，让大家多多交流，以此来拉近各部门管理者之间的距离，消除彼此之间的陌生感，实现共同合作。

3. 统一企业远景、战略目标、价值观等思想

企业的流程管理要立足于企业战略和企业文化，只有各部门管理者深入地了解这些内容后，才能形成流程管理的大局观，将部门管理者的个人发展跟企业流程管理相结合，才能使各部门管理者放下自己手中所谓的权力，积极与其他部门进行合作，流程管理才能不再各行其是。

> 某网络运营公司流程管理部门的管理者周明，最近在对近期的流程管理效果进行调查，在调查中他发现，流程管理执行得不到位。有很多员工向他反映部门之间缺乏互动，除了部门间有必要的工作接触外，部门之间的同事感情淡薄。
>
> 为了解决这一问题，流程管理部门向高层反映了这一问题，在高层的支持下，流程管理部门与各部门管理者进行了多次沟通，通过沟通来加强管理者之间的联系，同时又对各部门管理者进行了相应的培训，加强管理者流程管理意识与合作意识，从而树立大局观。

流程管理离不开各部门之间的合作，部门管理者之间的关系影响着各个部门之间的关系，从而影响着整个流程管理，因此，企业一定要强化各部门管理者的合作意识，纵览整个大局，从而确保流程管理的顺利实施。

7.4 流程标准不全：ERP技术发展受挫

企业的流程管理遇到的第四个问题是流程标准不全，企业的运行活动无法与ERP技术对接，致使ERP运行效果不佳，甚至完全受挫，进而失效。

首先我们来了解什么是ERP技术。ERP是Enterprise Resource Planning（企业资源计划）的简称。ERP是一个针对物资资源管理（物流）、人力资源管理（人流）、财务资源管理（财流）、信息资源管理（信息流）集成一体化的企业管理软件，具体内容如图7-1所示。

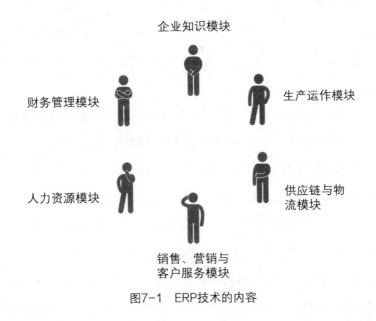

图7-1 ERP技术的内容

流程标准化使企业的管理思想不断创新，而ERP技术是信息时代的一个管理思想工具。现在大部分ERP技术都以流程驱动，即根据业务流程来开发、设计、实施、操作ERP。

假设ERP技术是一辆按照某种思路设计出来的符合特定要求的"车",该"车"需要每日在最短的时间内、在安全的情况下固定往返于某地,如何设计出"最佳路线",保证"最佳路况",就需要通过流程标准化来进行。

流程标准化的战略管理思想是企业构造新的运行模式的主体,而新的运行模式又要借助于ERP系统来实现,两者缺一不可。企业流程标准不全,将会使ERP技术的发展受挫。

企业的操作流程太多,以至于不能做到面面俱到。因此,要想实现ERP技术,需要不断完善以下几个重点流程的标准。

(1)销售循环流程。包括客户审核、信用复核、销售接单、发货等环节。环节太多,不容易操作。所以在进行这一流程的管理时,企业要抓住关键环节的关键点,比如销售接单时,接单与审核由不同的人完成。

(2)相关计划的操作流程。一般来说,如果计划不符合实际,企业需要先更改计划,而不是直接在后续的单据中进行更改。

(3)采购循环流程。这个流程的重点是采购单流程与采购收货流程。比如企业是否允许无单采购?如果不,那么核查人员可以在ERP系统中导出没有原始单据内容的采购信息,然后进行追踪分析。

(4)付款流程。在企业活动中付款是一项关键业务。在ERP系统中,这项流程主要是核对相关单据的内容。

(5)特殊流程。一些企业可能有一些特殊的工作,比如预收款业务或者预付款业务,这些业务往往具有比较特殊的流程。

广东一家生产企业的总经理吴雷近期收到生产部门的反馈:原料出现了一些问题。吴雷运用ERP技术分析了这些单据的内容,判断出采购部门的操作不符合企业标准。经过调查，吴雷发现采购部门的主管没有履行自己的工作任务，将工作全权交给副主管，而副主管在采购过程中收了原料供应商的好处，不按流程办事，为原料供应商隐瞒实情，原料供应商供应的原料质量越来越差，最终影响了生产。

吴雷能用ERP技术对采购流程进行检查，说明ERP技术的实现取决于流程标准是否完整。如果流程标准不全，那ERP技术的优势也会荡然无存。

7.5 采购流程紊乱：效率低、漏洞多、损失大

很多企业为了减少吃回扣和盗损的情况，经常将采购工作交给自己的亲信，实际上这种做法反映了企业的采购供给没有严格的流程控制，或者采购流程紊乱，不仅效率低，而且漏洞多，造成的损失也大。

那么，企业应该如何应对采购流程紊乱的问题？

1. 制定详细的采购流程，保证各项工作之间的紧密衔接

很多企业在实施流程管理后，员工的执行力得到大幅度提升，但各项工作之间缺少良好的衔接和及时的补位，使工作容易出现遗漏环节，导致流程运行脱节，从而陷入紊乱。

这就需要企业有明确的采购流程，如图7-2所示，并严格要求采购部门按流程工作，以此找到并解决流程运行与管理脱节的问题。

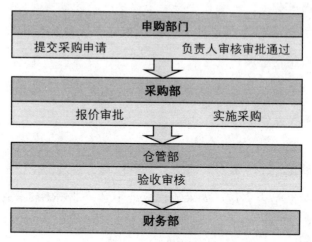

图7-2 采购流程

2. 通过流程管理进行有效分权，减少个人判断失误带来的影响

企业可以将采购中的各项工作分解给不同的部门，同时规定只有采购部可以与供应商直接接触。分解完成后，由财务部负责价格审定，采购部负责数量确定，品管部负责质量检查，仓库管理人员负责产品入库，不同部门负责不同环节，并制定详细的制度。采购工作分权如图7-3所示。

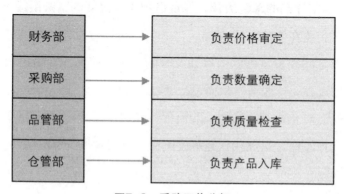

图7-3 采购工作分权

这样的一套流程既能提高企业采购的效率，又能大大减少吃回扣情况的出现，这是因为采购部门没有定价权和检验权，就无法对供应商产生决定性的作用。

案例

上海一家动漫制作企业的内审人员在审计过程中，很多员工都向他们抱怨企业的电脑质量差，经常出现死机的情况。经调查发现所有电脑均由行政部统一采购。行政部门具体采购流程如图7-4所示。

各部门提交　　行政部根据　　供应商送　　行政部通知
申请审批单　　审批单采购　　货到企　　　各部门领取

图7-4　行政部具体采购流程

根据员工反映的情况，内审人员打开了部分电脑机箱进行抽检，发现部分品牌机并非原装，而是翻新机。

因为企业没有专门的采购部，也没有专门的检验人员检查送来的电脑，所有的采购工作都由行政主管决定，行政主管兼任采购与验收两个职责，没有外部监督，这直接导致了行政部主管与供应商联手以次充好。

这家企业之所以没有专门的采购部门，是因为企业最初的电脑采购权限不明确，为了解决这个问题，企业将采购权交给了行政部，但企业并没有安排相应的检验人员，因为采购流程混乱，行政部主管有机可乘，采购了大量廉价的电脑，致使在工作中电脑经常出现问题。

从这个案例我们可以看出，采购部门如果没有明确的职责划分和具体的采购流程，极易滋生贪污问题，因此企业一定要有严格的流程管理，从而杜绝这类问题的出现。

7.6 营销流程错位：渠道挤压，费用居高不下

企业的营销流程中出现错位，营销管理没有整合到企业的统一流程中来。企业营销缺乏整体流程中的协调，导致营销渠道被挤压，虽然营销费用居高不下，但市场份额没有得到应有的增长。

营销流程受制于企业的营销组织，其中绝大多数企业的营销组织没有流程管理，多是一种基于长期应对市场或内部管理中的问题时，形成的应对模式。少数企业的流程管理也仅局限于业务领域，比如订单下达、送货与回款等，这些业务流程仅对基本业务有一定作用，这样的问题就容易导致营销流程的错位，一旦企业的业务量增长、规模扩大，营销人员就会感到力不从心。

流程使得企业的各项业务之间环环相扣，牵一发而动全身。但无论营销方式如何变化，企业内部之间的操作关系也不会变，这使得企业的营销管理变得简单，从而使成本降低。企业的营销流程是保证营销计划落实的工具，只有与企业的统一流程相呼应的营销流程，才能解决企业营销渠道挤压、营销费用居高不下的问题。

营销流程包括三个层面。

1. 营销团队内部的执行流程

主要用来规定在执行营销流程的过程中，营销团队中的每个岗位需要承担的任务和职责，以及岗位之间工作任务的关系和传递顺序。

执行流程是用来保证在执行营销计划时，每件事都有人负责，并

且督促员工在指定时间内完成，从而最大化地保证营销计划的有效执行，以此来提高营销的效率，降低营销过程中不必要的费用。

2. 营销团队和企业其他相关职能部门的业务流程

主要用来规定每个部门在营销活动中承担的任务和职责，并且规定了部门之间工作的关系和传递顺序。

业务流程是用来保证每个部门都按照流程中规定的任务和职责，来协助营销部门进行营销活动，以免出现问题，影响后续营销计划的达成和落实。

3. 管控营销的主要业务流程存在的风险

企业在营销流程中，必须要管控营销的主要业务流程中存在的风险，包括客户管理流程、销售报价流程、应收账款管理、客户信用管理、销售渠道管理、市场宣传推广费用管控等。企业只有管控了营销的主要业务流程中的风险，才能保证营销流程的健康运营和协调发展。

7.7 流程缺乏监控：秋后算账，人心惶惶

很多企业制定流程之后，要求员工按照流程去执行，但没有做到对流程运行过程进行控制监控，并做到相应的及时整改，反而将重点放在对员工实行秋后算账式的责任追究方面，使得企业内部人心惶惶。

这都是因为企业内部缺乏对流程管理的监控。企业发布流程后，没有人考虑流程能否得到有效执行，执行过程中会遇到什么问题。没有流程执行监督的机制，只会导致流程管理流于形式。

那么，企业应该怎么对流程进行监控？有以下两种方法。

1. 应用信息技术实现实时检查

企业管理者可以通过信息技术平台对流程的执行情况进行监督，除此之外，还可以通过流程自动机器人的快速回传，了解流程完成状况等信息，管理者可以实时跟踪流程。

2. 选择合适的人建立流程监督体系

企业的管理者可以建立专门的流程管理监督部门，以此来保证流程管理工作的进行。在建立监督部门时，管理者要注意以下两点。

（1）选择合适的人。管理者在选择监督部门的人时，一定要选择办事公正、有责任心的人，这样才能保证监督制度得到很好的落实。

（2）明确监督部门的职责。监督部门就是负责监控流程的执行内容，然后在有企业高层参加的例会上汇报监督结果，从而提高流程的执行力度。

流程监控的具体检查方法有三种：一是流程稽查；二是流程评估，包括流程运行的最终效果等；三是流程审计。管理者可以对整个流程体系进行评估，并根据评估的结果不断改进流程体系，使得流程体系真正起到作用，给企业带来竞争优势。

案例

北京有一家企业实施流程管理后，把各个岗位的相应职责印在《员工手册》上，要求大家按照手册的要求执行工作。虽然手册上流程图表的内容划分得很细致，但员工执行率并不高。

针对企业只说、员工不做的现状，这家企业制定了监督考核机制，设立了考核的部门。通过反复检查工作的执行程度来保证流程的落实，并对照《员工手册》进行监督。考核部门有权采取相应的惩罚或奖励措施，考核部门把员工的执行情况放入最终的绩效考核中，与员工的薪酬直接挂钩。通过这样的方法，这家企业很好地保证了员工能够按流程执行工作。

得力助手：流程管理也需要工具

流程管理是企业管理的一个重点，想要做好流程管理的内容，除了要在"人"身上发力，还需要借助一些工具。本章将详细介绍流程管理需要借助的工具。

8.1 管理标准与技术标准体系模型

针对标准化领域中需要协调统一的管理事项而制定的标准，被称为管理标准。按适用对象管理标准可划分为技术管理标准、生产组织标准、行政管理标准、业务管理标准和工作标准等。制定管理标准是为了能合理利用和发展生产力，以此正确处理生产、交换、分配和消费的关系，并科学地行使行政与管理机构的计划、监督、指挥、调整、控制等职能。

管理标准体系包括企业所执行的国家标准、行业标准、地方标准和企业自己制定的管理标准。管理标准体系可以是一个独立的体系，也可以是多个体系的组合，还可分成若干相互联系、作用的子体系，如图8-1所示。

管理标准体系采用层次结构。当企业的管理层次较多时，管理标准体系可采用多层结构，同时要保证上一管理层次的管理标准与下一管理层次的管理标准相互协调，同层次的技术标准与管理标准相互协调。

企业管理标准体系的编写顺序通常是：前言、范围、规范性引用文件、职责、管理内容与方法、报告和记录，必要时可增加附录。

技术标准体系的对象包括生产对象、生产条件、生产过程、产品包装、贮运、交付、服务等。对列入企业技术标准体系的标准具有约束性，是企业质量管理、职业安全健康管理、环境质量管理的技术性文件。

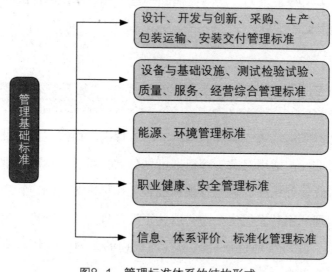

图8-1　管理标准体系的结构形式

企业技术标准体系的层次结构通常为两层，第一层是技术基础标准，第二层是产品实现过程的技术标准以及能源、安全、职业健康、信息等技术标准。

企业技术标准的表现形式包括以下几种：纸张、计算机、光盘、磁盘等，很多企业一般都会将技术标准印刷出来以便查阅，同时会将相关标准保存到计算机或磁盘里，用于备案，以免丢失。

管理标准和技术标准是企业标准化的两个重点，为企业的流程管理提供重要依据。

8.2 战略-绩效体系模型

战略-绩效体系是以企业战略为导向的绩效管理系统，是一项系统工程。设计战略-绩效体系时要解决两个核心问题：一是绩效考核要公平、公正，战略-绩效体系能体现企业战略发展导向；二是绩效管理能得到切实的推进，战略-绩效体系能真正提高个人和组织的绩效。

建立战略-绩效体系需要以下八个步骤。

1. 明确企业战略

企业建立战略-绩效体系的第一步是进行战略梳理，明确企业战略的主要工作。主要包括企业使命、愿景、价值观和战略总目标。企业战略具有相对稳定性，业务战略需要随着市场的变化进行及时调整。职能战略要为实现企业战略与业务战略提供具体措施。

2. 绘制战略地图

明确企业的战略目标后，第二步是将企业战略所包含的假设转化为具体的因果关系，通过因果关系绘制战略地图。

3. 识别战略主题

使用职责分析法（FAST法）识别与分解战略主题，遵循企业核心价值链与辅助价值链，从企业各部门中寻找能够驱动战略主题与目标的关键因素。

企业核心价值链包括市场营销、产品开发、采购供应、生产经营、客户服务等，辅助价值链包括人力资源、IT、财务、法律、行政、后勤、企业文化等。

4. 明确部门使命

部门使命的重点是描述部门的定位、作用和其发挥的价值及意义，部门使命支撑企业战略，必须紧密围绕企业目标。这一过程需要各部门主管反复研讨，明确部门使命的同时，我们还需要优化企业价值链流程，梳理组织架构。

5. 价值树模型寻找因果关系

价值树模型实际上是在指标之间寻找对应的逻辑关系的一种方法，是找出流程与战略主题之间的因果关系的最合适的工具。其需要在价值模型图中列出组织战略目标，并对应关键绩效指标。价值树模型能找出目标之间相对应的逻辑关系，同时我们要分别指出企业战略地图中的衡量性目标，以及列出对应的关键绩效指标和这些指标的关键驱动流程、关键流程绩效指标等。

6. 建立因果关系分析表

通过价值树模型建立因果关系后，我们可以将整理出来的指标放入平衡计分卡中，用指标描述企业的战略地图，根据《价值树模型图》中的滞后/驱动性指标的对应关系，在《因果关系分析表》中填写这些相对应的滞后/驱动性指标。

7. 落实企业及各部门指标

滞后性指标用于企业层面的考核，以年度考核为主；驱动性指标用于部门层面的考核，以月度、季度或半年度考核为主。

8. 设计指标要素

指标要素涉及岗位绩效考核表，又被称为KPI协议书、岗位目标责任书、岗位合约、绩效合约等，具体名称可根据企业需要而定。考核指标包括：指标编号、名称、定义、计算企业、目标值、设定目的、责任人、数据来源、考核周期、权重分配及计分方法等。

企业战略的实现需要企业绩效管理系统作支撑。企业的绩效管理水平越高，战略目标实现的可能性就越大。要实现战略与绩效管理系统的有效对接，就需要战略-绩效体系模型。

8.3 PDCA管理循环模型

PDCA循环是将企业的质量管理分为以下四个阶段。

P：计划（plan）。企业的管理者在发布某个规则之前，或者在做某件事情之前，需要制订具体的计划，这是做任何事情的前提，如果没有计划就直接执行，最终只会陷入混乱。

D：实施（do）。有了明确的计划后，最重要的任务就是执行，这是所有计划的关键，因为即便计划制订得很完善，如果不执行，还是等于零。

C：检查（check）。在执行中关注每一个环节，检查过程中出现的问题。

A：处理（act）。对执行过程中出现的问题进行总结和处理，然后找到解决的方法，总结出来，然后运用到接下来的过程中。

PDCA管理循环模型是流程管理不可或缺的工具，那么，在流程管理中，PDCA代表什么？

P代表流程体系架构，包括流程规划和流程梳理两部分。

流程规划是流程框架设计的前提，优质的流程规划能确保企业管理体系拥有好的框架。企业管理者在做流程规划时，要注意两点：一是流程规划要从上到下，逐级分解和细化企业战略，规划到可以管理的流程为止。二是做流程规划要进行岗位职责梳理，梳理过程是自上而下进行，大致的推行路线如图8-2所示。

1	流程管理部先确定每个部门的代表性岗位
2	流程管理部与每个代表性岗位进行工作访谈
3	分解出主要工作并评估其重要度
4	流程管理部梳理出工作中包含的流程及知识点
5	与各部门经理访谈，补充和完善访谈结果
6	汇总各部门的流程信息，完成《流程体系框架表》

图8-2　岗位职责梳理的大致推行路线

在流程梳理这一过程中，要确保流程规划后的每一个流程都能得到合理的安排与设计，同时流程梳理要与管理体系的目标实现有效对接，尽可能删减没有实现增值的环节。

D是指流程体系被正确执行。流程的执行力是设计出来的，在这一阶段，企业管理者要落实到流程的有效执行责任人，重视流程的宣贯与培训，通过IT与制度、检查与问责机制来保证流程的执行力。

企业管理者需要组织流程管理人员进行相关的学习和培训，以此来提高他们的日常管理能力，分析流程的可行性与合理性。同时还要建立面向流程的考核体系，对流程工作的部门进行绩效管理。

C是及时发现并解决问题。在流程管理里分为两个层面：一是流程体系层面，企业管理者要从企业内、外部两个部分对企业的流程体系进行全面检查与评估，包括流程审计与客户满意度调查；二是流程层面，从过程与结果两个维度进行流程稽查与流程绩效评估，其中流程稽查是为了管理流程执行是否符合设计要求，流程绩效评估是为了检查流程结果是否达到流程目标。

A是指要持续优化流程体系设计，根据环境或战略的变化改变流程的设计，使流程变得更加高效，最终达到提升流程绩效、优化流程的目的。

PDCA是一个不断循环的过程，在每一个环节中都要运用PDCA法则，环环相扣，企业的流程才能越来越完善，所以，企业管理中企业管理者要善于运用这个工具，以此实现轻松的流程管理。

8.4 ABC分类管理模型

ABC分类管理模型的基础是ABC分类法。ABC分类法(Activity Based Classification)全称为ABC分类库存控制法，又被称作帕累托分析法、主次因分析法、ABC分析法、分类管理法等。ABC分类法除了广泛应用于库存管理外，还可以应用到质量管理、成本管理和营销管理等管理中。

ABC分类法的分析图中有两个纵坐标，一个横坐标，几个长方形和一条曲线，其中左边的纵坐标表示频数，右边的纵坐标表示频率，都以百分数表示。横坐标表示影响质量的各项因素，按影响大小从左向右排列，曲线表示各种影响因素大小的累计百分数，如图8-3所示。

企业管理者如何进行ABC分类？处理对象分为两类：一类是可量化的，一类是不可量化的。可量化的部分分类相对容易。我们以库存管理为例，来说明如何进行分类。

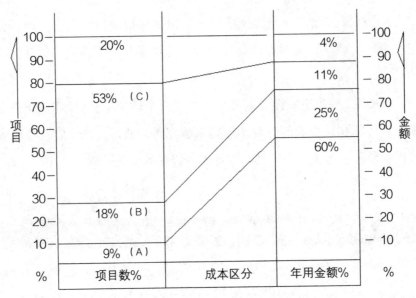

图8-3 ABC分类法的分析图

第一步是计算每一种材料的金额；第二步按照金额由大到小排序并列成表格；第三步是计算每一种材料金额占库存总金额的比率；第四步是计算累计比率；第五步是分类。

企业管理者如何使用ABC分类法进行流程管理？

1. 开展分析

这一步是"区别主次"。首先要做的是收集数据，确定带来某一流程管理问题的因素，收集其相应的数据。

其次是计算整理。对收集的数据进行加工，并按要求计算。数据包括特征数值、特征数值占总计特征数值的百分数、累计百分数等。

然后是根据分类标准，进行ABC分类，列出ABC分析表。分类标准并没有严格规定，通常使用的标准分为三级，与之相对应的因素也分为以下三类。

A类因素是主要影响因素，发生累计频率：0%~70%。

B类因素是次要影响因素，发生累计频率：70%~90%。

C类因素是一般影响因素，发生累计频率：90%~100%。

最后是绘制ABC分析图。累计因素百分数为横坐标，累计主要特征值百分数为纵坐标，按照ABC分析表所列的对应关系，在坐标图上取点，并连接起来形成曲线，绘制出ABC分析图。

2. 实施对策

分析结束后，企业管理者要针对分析结果找到对策并实施行动，这是"分类管理"的过程。根据ABC分类的结果，在管理力量和经济允许的情况下，制定ABC分类管理标准表，对三类对象进行区别管理。

案例

广州一家制造公司生意兴隆，建厂以来订单不断，2019年3月，收到一家丹麦公司的订单，要一批婴儿的护理用品，由于公司常年有相关的制造经验，车间组长并没有仔细地阅读客户订单要求，就匆匆地下了生产命令，结果生产出的产品不符合客户的订单要求，没有符合丹麦国家的质量标准，被退了货，这给公司造成了一笔不小的损失。

由于这次教训，公司引入了ABC分类管理模型，以此规避小概率事件带来的风险，注意到特殊订单的特殊要求，注意到特殊客户的特殊要求，不再被公司的制造惯性或员工的个人疏忽影响，以防给公司造成不必要的损失。

8.5 EPC模型

EPC（Event-Driven Process Chain，事件驱动过程链）模型是将业

务过程中的静态资源，包括系统、组织、数据等组织在一起，并形成一个能够完成特定任务或者流程的动态模型。EPC模型能快速创建出一个高水平的商业过程视觉模型，体现了商业业务的增值过程。

在实践过程中，EPC流程图更适合描述有严密过程控制和结果导向的组织流程。只要满足规则限制，就能确保流程图的正确性，表意清晰，指导业务。

EPC模型的特点是它的简单和注释易于理解，这两个特点使得EPC模型成为一种被广为接受的技术。

EPC模型适用于B2B、供应链流程管理、仓储物流管理等商业化业务流程，这些业务流程都有一个共同特点，那就是非常关注"活动处理的前后状态"。能否把握这种状态，会影响到对象的生命周期控制和业务规则控制，而这两点又是业务系统中被重视的方面。

EPC建模时，要遵守以下规则：

（1）模型必须以事件开始，以事件结束。

（2）在建模过程中，功能与事件交替出现。

（3）时间和功能只有一个输入和一个输出连接。

（4）对流程路径的使用规则进行分离与合并。

（5）决策必须是由功能做出，做出了某种决策的功能，后面要跟规则，功能的多事件触发也通过规则表达。

（6）通过规则来体现某个决策之后的各种可能路径。

（7）规则不能同时有多个输入和输出。

EPC有四个主要要素，分别是事件（Event）、功能（Function）、组织单元（Orgnization Unit）、信息（Data），而EPC建模方法的核心是事件（Event）、功能（Function）、规则（Rule）。

1. 事件（Event）

事件是环境中产生的一种特定状态，当环境改变到这种状态时，相应的流程就会被触发。简单来说就是现实世界事物的某种状态发生改变，有以下三种常见情况。

（1）外部改变，比如客户订单到达。

（2）流程内部处理状态的改变，比如产品制造完成。

（3）外部影响的结果，比如订单送到客户手中。

事件可以是人为事件，也可以是计算机系统操作的结果。我们通常采用一个主谓结构的词组来概括事件，比如订单到达、成本计算完成。

2. 功能（Function）

功能表示业务流程中的某个行为或完成特定任务的活动，由人或计算机系统完成。

通常来说，流程中的每一个活动本身都是一个增值过程，每一个功能都包含输入，并在经过处理后创造输出，通常采用动宾短语来进行功能描述，比如输入订单、计算成本。

3. 规则（Rule）

OR、XOR、AND具体含义如表8-1所示。

表8-1 OR、XOR、AND的具体含义

操作符	在功能之后：单输入多输出	在功能之前：多输入单输出
OR	或决策，在一个决策之后有一个或多个可能的结果路径	或事件，功能有一个或多个可能的触发事件
XOR	异或决策，在一个决策之后的某个时刻有且仅有一个结果路径	异或事件，某个时刻有且仅有一个触发事件
AND	与决策，在一个决策之后有多个并行的结果路径	与事件，所有事件要同时满足才能触发事件

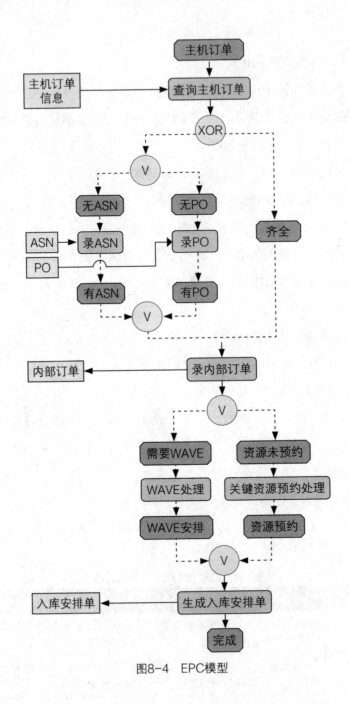

图8-4 EPC模型

在使用规则时,要注意不要使用组合规则,以防难以理解;避免在事件之后使用OR和XOR,尽量使用功能来作出决策;在功能之后,如果清楚知道多分支结果事件会同时发生，可使用OR，否则采用XOR；分支和合并通常使用同一个规则，如果要合并分支，在事件之后合并会更容易理解，不能使用或、异或规则。

我们来看一个EPC模型，该模型用于仓储管理系统中的一个入库流程的"入库订单处理"工作，如图8-5所示。

图8-4中的相关符号以及对话框形状的含义如图8-5所示。

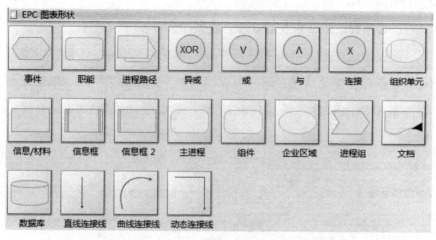

图8-5　EPC建模相关符号以及对话框形状的含义

EPC模型可以描述复杂的流程，应当注意通过控制粒度来界定表达的流程细节，同时要遵守相应的规则，以免建模出错，造成不必要的理解问题。

8.6 EBPM 流程优化

EBPM满足企业的这种需求，突破限制，将他们重新组合到整体的可持续方案中，帮助企业的管理者定义自己的企业战略，在模拟、分析、执行和监控流程的过程中，持续优化流程。通过EBPM的协作环境和流程治理将所有的利益相关者联系在一起，释放流程中的巨大潜力。

EBPM=流程改造+流程自动化+流程智能

流程改造是一种基于项目的业务流程分析并提出优化方法。它与优化目标相融合，比如成本、时间和质量等。流程改造奠定了企业建立BPM的基础。

通过流程改造，企业的管理者能做什么？如图8-6所示。

流程改造解决方案用于协调管理、分析和改进业务流程，以实现更高效率和保持灵活性，同时可以提高业务运营的透明度，以确保与业务战略的一致性，通过优化流程，缩短设计周期，以此来降低成本。

图8-6 流程改造能做什么

流程自动化是用一致的综合关键绩效指标将企业的战略、运营、人员和应用程序与企业目标相融合，从而量化目标、模拟流程、评估绩效，让企业能建立高效、可视和灵活的流程，从而提高企业的竞争力。

流程自动化能帮助企业管理者做什么？实施SOA，重新使用现有

IT资产,并进行管理和治理,使IT资产与业务流程保持一致;建立一致的数据基础;完善流程模型和业务逻辑;为流程参与者提供用户界面;根据流程KPI创建规则并预警。

流程自动化解决方案使得IT能在流程优化计划中得到相应的支持。企业通过协调好工作流程,建立高效、灵活和透明的业务流程,开发新的以流程为中心的应用程序,最终为基本流程变更提供事实基础。

流程智能可以监测并分析数据、复杂事件。通过使用第一测量方法,使流程智能为EBPM提供开始,在启动流程改造或流程自动化项目前评估执行的流程。

在EBPM的生命周期中,流程智能具有以下几个关键阶段。

(1)支持设计阶段。用于发现、分析和衡量现有流程,以确定最佳设计。

(2)在流程的执行过程中,提供主动服务,了解流程实际是如何运行的。

(3)支持优化本身。通过对初步设计和实施的流程的分析,确定流程是否可以按预期执行,如果不能按预期执行,那么找出没有按预期执行的原因。

通过流程智能,企业管理者能做什么?如图8-7所示。

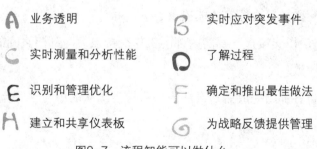

A 业务透明
B 实时应对突发事件
C 实时测量和分析性能
D 了解过程
E 识别和管理优化
F 确定和推出最佳做法
H 建立和共享仪表板
G 为战略反馈提供管理

图8-7 流程智能可以做什么

EBPM是在BPM基础上的流程优化,在这一过程中,企业管理者要注意不要脱离企业的BPM的相关内容。

8.7 甲壳虫图流程设计法

甲壳虫图因其外表很形象又很实用,深受管理者的欢迎,如图8-8所示。

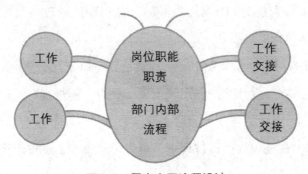

图8-8 甲壳虫图流程设计

(1)岗位职能职责。根据岗位职能,确定岗位职责。

(2)部门内部流程。把部门内部工作切分步骤(即使个人工作也要切分),切分后的每个衔接点成为工作交接点,每个交接点,要有交和接两个动作。交,要有标准,必须符合标准才能交。接,要有接的标准,同样是符合标准才能接。

(3)工作交接点。部门内部的工作交接点,与部门之间的工作交接点标准一致。

我们将各部门完成后,会形成一张管理团队的甲壳虫图流程。

> **案例**
>
> 　　上海一家动漫公司，经常出现员工间要交接的工作完成不到位的情况，这样的现象严重拖慢了公司的稿件进度。李曼作为漫画主笔，经常有拖稿的现象，并且常将未完成的稿件直接交给上色师，让上色人员帮忙完善稿件后再上色，由于公司没有清晰的工作职责说明，碍于人情，后期的上色师只得帮李曼完善稿件后，再上色交稿。平白无故的工作使得上色师的工作量加重，拖累了其他稿件的上色时间，拖慢了公司的进度。
>
> 　　为了解决这样的问题，公司采用了甲壳虫图流程设计法，使得员工明确自己的岗位职责，内部工作切分清晰，交接的工作间必须符合公司要求标准。不合标准的工作内容不被批准，要回炉重做，等符合标准后，才能交给下一个工作人员来完成工作后续。这样的安排让上色师不用再处理主笔留下的工作尾巴，使得工作效率大大提升。

第9章 人事与行政管理流程设计

人事、行政负责不同的工作，人事管理的工作主要是指人力资源的相应工作；行政管理的工作主要是指企业的后勤工作。本章将对人事与行政管理的流程设计进行梳理并介绍。

9.1 内外部招聘相结合，线上线下并举

人事管理非常重要的一项工作就是招聘，招聘是企业获得实现发展扩张的人才的基础，因此，做好招聘工作是非常重要的。那么，招聘有哪些具体的渠道呢？如图9-1所示。

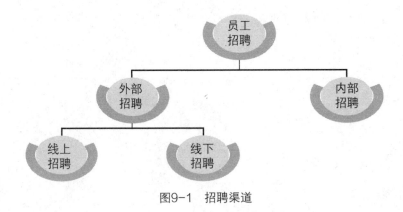

图9-1 招聘渠道

企业的员工招聘工作包括内部招聘与外部招聘，其中外部招聘又

分为线上招聘与线下招聘。企业的内部招聘是指当企业出现职位空缺或新增某个岗位时，人事部会通过内部员工招聘，让员工推荐自己身边认识并认为符合工作要求的人应聘上岗。

如今很多企业都忽略了员工内部招聘，认为这种招聘方式会带来裙带关系，导致员工之间搞小团体，不利于企业的管理。然而凡事都有两面性，员工内部招聘也有很多优点，最直接的一点就是员工内部招聘可以节约招聘成本，缩短招聘周期。据了解，美国微软企业40%的员工都来自员工的内部推荐。

企业的外部招聘包括线上与线下两种，线上招聘是指企业人事部通过互联网寻找需要的人才。线上招聘方式分为三大类。

1. 招聘网站

企业人事部可以根据地域、行业、职位等条件，选择适合的招聘网站发布职位信息。

传统招聘网站：智联招聘、前程无忧等，可在全国范围内进行综合性人才招聘。

地方人才网站：各地人才交流中心搭建的平台。

垂直招聘网站：拉勾网、Boss直聘等，专注某一领域或某一职位序列的招聘。

行业招聘网站：中国汽车人才网等。企业人事部可以根据所属行业，选择对应的专业网站，进行专业人才的招聘工作。

毕业生招聘网：大街网、应届生求职网等，可当作是校招的补充。

2. 社区招聘

招聘时，可以多关注一些专业社区，专业人才经常活跃在相对应的专业社区里。比如，找软件工程师可以到开源中国、JAVA以及PHP

社区等；找设计师可以到站酷；找文案可以到豆瓣。

3. 社交媒体

职场社交APP：LinkedIn、脉脉等。

综合社交APP：微博、微信等。

各类社群：QQ群、微信群等。

这些社交媒体，都可以作为信息发布以及简历收集地。

线下招聘的方式包括招聘会、人才市场和校招会，这是传统企业常用的招聘方式。相对线上招聘而言，线下招聘耗时较长，人工成本较大。

招聘会一般由政府所辖人才机构及高校就业中心举办，比较正规，分有行业专场和综合专场。人才市场属于人力资源和社会保障局管辖，与招聘会相似。高校招聘主要招的是学生，对招聘的人群有要求，企业招聘的人员数量和专业一般根据企业自身人力资源规划状况确定。

为了更好地为企业找到优质人才，企业人事部要综合运用这些招聘方式，内外部招聘相结合，线上线下双管齐下。

9.2 培训评估：因材培训+培训淘汰机制

在招聘工作结束后，为了使新入职的员工尽快适应新的工作，很多企业会为新入职员工提供培训，还有很多企业也会给在岗员工培训，以提高他们的工作能力，但无论接受培训的主体是谁，都有一项必须要做的工作，那就是培训评估。

那么，企业的人事部如何进行培训评估？有两个具体方法。

第一个方法：因材施教。需要企业人事部在培训之前对员工进行深入调查，了解员工的特点，并参考员工自身特点进行培训。比如，管理层的培训目的是提升与发展领导力、拓展思维和开阔视野。

业务项目经理的工作水平对企业业绩增长至关重要，因此，培训的重点是提升项目经理的管控能力、团队建设能力以及个人综合能力。

新员工培训是为了使新员工尽快接受现在的工作内容与工作环境，因此除了基本的入职培训，还会安排专项培训。

那么，企业的人事部如何实现因才培训？如图9-2所示。

图9-2　企业的人事部如何实现因才培训

企业人事部要先分析企业需求与岗位需求，然后再具体分析员工需求，以免培训内容偏离实际情况。第二个方法：建立培训淘汰机制。建立以绩效考核为基础的培训淘汰机制能充分发挥培训的作用，监督员工更积极地完成培训内容。

企业不仅要有正向的牵引机制和激励机制，推动员工不断提升自己的能力和业绩，而且还必须有反向的竞争淘汰机制，筛选出不适合企业发展需要的员工。企业人事部可以严格按照职位本身的要求，让各部门主管为每个职位编制培训考核量化表，通过绩效评价对企业内部员工的培训进行评审，淘汰企业内部不合格的员工。

企业人事部要建立规范化、制度化的考核反馈制度，以保证考核的公正，让员工信服；企业人事部还需要适当简化或调整考核程序，使得淘汰机制与企业培训内容高度匹配，以免考核难以发挥作用，影响培训的效率。

> 北京有一家B2B企业发展迅猛，但基础管理相对滞后，为了改变这一现状，人事部总监张蒙认为培训要根据培训对象和企业发展阶段选择内容，不能盲目。他认为目前企业的一线员工素质和管理水平还不够高，暂时不宜培训高端课程。而且企业基础管理薄弱，就算培训，也难以保证培训的效果。
>
> 因此他建议企业要先对员工进行培训评估，了解需求，然后完善培训考核机制，以保证培训的效果。他还建议企业人事部在进行培训评估时，要牢记培训的最终目的是提升员工的业务能力。

9.3 能力素质模型与人才梯度模型

1. 能力素质模型

建立企业能力素质模型有很多用处，其中最直接的用处是根据这个模型，编制企业的培训体系，以便完成定向式的培训课程规划目标。

例如，为找到能力素质相配的总经理人选，北京一家商场紧紧围绕企业文化和发展战略，以自身的企业愿景、价值观、外部环境等为依据，确定了员工的核心能力与素质要求，并建立了能力素质模型，商场具体是怎么做到的呢？

（1）人事部找出了实现企业战略目标的关键因素，并提炼出员工应具有的通用能力素质。

（2）选择出对实现企业目标有关键作用的核心岗位。这家商场选择的核心岗位是商场总经理岗位。

（3）建立素质能力词典，对每一项素质能力要求都要有明确的评判标准，建立素质能力词典，如表9-1所示。针对这些素质能力要求，引导企业员工朝向企业希望的方向发展。

表9-1 素质能力词典

序列	营销序列	行政序列	技术序列
沟通能力	能够积极主动创造各种机会与客户进行有效的沟通交流。明确表达个人观点，把握客户真实需求，利用沟通策略和技巧说服客户，形成有效共识	能够积极主动地与他人进行有效的沟通交流，掌握不同情境下的沟通策略和技巧。能够明确表达个人观点，并迅速理解和把握他人言语中的内涵，形成有效共识	能够积极主动地与他人交流信息和想法。在任何情况下能够明确表达个人观点，认真倾听他人观点，把握对方沟通要点，利用沟通策略和技巧说服他人，形成有效共识

（4）对素质项进行对标分析。确定了任职商场总经理所需的核心素质项后，这家商场又将这些素质项进行对标分析，进行相关权重设置和定级，并对素质项规范了定义。

（5）输出能力模型。商场有针对性地开发了评估工具，对能力素质模型进行了验证和应用，由此构建出符合这家商场要求、紧贴商场属性的商场总经理能力素质模型。

2. 人才梯队模型

人才梯队模型是一套动态的、例行化运作的，用于人才考察、选拔、培养、淘汰、使用的管理机制。在实践中，建立最佳人才梯队应该怎么做？

（1）人才盘点。人才盘点指人事部对现有的人力资源进行数量、质量、结构上的核查，掌握目前公司所拥有的人力资源状况，实现短期人力资源的供给预测，优化管理方案。

（2）构建素质模型。素质模型是针对某一职位，并依据其职责要求所构建的，表示完成本职责所需要的要求，它能具体指出担任本职位的人需要具备什么能力，才能高标准地完成该职位职责。

（3）建立任职资格。任职资格是指为了保证工作目标的实现，任职者必须具备相关的知识、经验、技能、素质等方面的要求。而对应不同的职位级别同一资格判定要求也不同，例如，根据大客户部经理任职资格标准，不同职位级别对任职者的经验要求也不同，如图9-3所示。

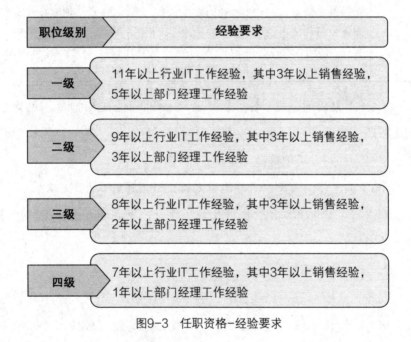

图9-3　任职资格-经验要求

企业人事部通过任职资格的量化，能更好地对人才进行激励，有计划地培养人才，促进人才的发展。

（4）确定职业通道。职业通道的存在能稳定员工队伍，在留住人才的同时,可以吸引外部优秀人才,可以保持员工的职业发展目标与组织发展目标的一致性,以此保证企业未来人才的需要和企业的可持续发展,避免企业人才的断档。

(5)建立测评系统。人才梯队的建设需要大量的测评工作,因此,科学有效的人才测评系统是做好人才梯队建设工作的基础。在实践中,大多企业会以人才九宫图的形式呈现测评结果,并用于展示人才的潜力和业绩之间的逻辑关系,如图9-4所示。

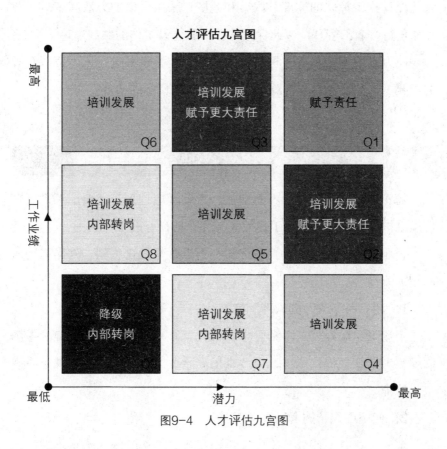

图9-4 人才评估九宫图

根据评估九宫图,企业人事部能进一步设计梯队地图,直观反映现有岗位的梯队人才的情况，以此展开人才预警和人才培养责任预警的工作。

（6）设计培养方案。企业人事部根据人才培养计划，结合员工个人的职业发展目标，对人才梯队资源库里的人才，提供培训课程及学习地图，以此进行有针对性的培养，达到建立人才梯队模型的目的。

（7）运营梯队建设。人才梯队模型与企业人力资源战略规划、人才配置等相关。企业必须制定明确的人才梯队管理体系，规范人才梯队建设过程中梯队的标准、内容和范围，采用科学的方法和工具，对人才进行有效的管理，以此保证人才梯队建设工作的顺利进行。

能力素质模型和人才梯队模型都是企业人事部进行人力资源管理的重要工具，促使人力资源战略和组织战略目标的实现。

9.4 考勤管理流程：优化签到、外出与请假

随着企业流程管理的不断加强，考勤管理越来越重要。考勤管理可以维护工作秩序，提高工作效率，并营造良好的工作氛围。

企业如何做好员工考勤管理呢？重点就是优化签到、外出与请假的相关流程。

1. 建立科学的考勤管理制度

企业想要做好员工考勤管理，首先就必须要制定严格明确的考勤制度为考勤管理提供依据，以此来提高企业的管理效率，实现企业规范化管理。

2. 使用现代化的考勤管理工具

企业中总有一部分员工由于工作需要，工作时间、地点不固定，所以他们的考勤管理无从下手，经常出现因私外出、缺勤的现象。但

使用现代化的考勤工具能大幅减少这一现象。比如使用企微云进行考勤管理，通过微信就能完成打卡，并且支持多种打卡方式：指纹打卡、人脸打卡、微信GPS定位打卡、摇一摇打卡等。

企微云可以通过GPS进行定位，员工只要上传了当天打卡照片，系统就会根据企业设定好的位置，自动识别出员工是否在工作岗位上，以此杜绝员工隐私外出，切实的将员工考勤管理落到实处。如果员工临时有事外出，也可以通过这些考勤工具请假，减短请假流程的时间，避免员工请假困难。

3．考勤和薪酬相结合

企业奖罚分明才能让员工积极地做实事。通过考勤管理，可以优化企业的人力资源配置，调动员工的工作积极性。企业可以通过微信打卡出示考勤榜，如图9-5所示。企业可以实时查看各部门员工出勤状况，并督促员工相互监督。

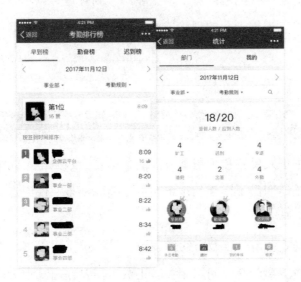

图9-5　企业考勤排行榜

从纸质办公时代，到如今的移动办公时代，企业利用移动考勤打卡，可以更好地管理企业员工的考勤，优化考勤管理流程，从而进一步督促员工的考勤。

上海一家网络软件企业主营网络游戏的开发、运营和推广。这家企业取消了指纹打卡，改为电脑终端单一登录，联网自动计时。迟到、早退累计时长超过20分钟的员工会受到小惩罚，要为其他员工订饭、买饮料、端茶送水、收发快递等。服务完毕即可核销迟到早退20分钟；如果服务质量不高，让其他员工不满意，则核销时间减半。

该制度实施后，这家企业的员工自觉地实施，考勤惩戒在轻松的氛围下完成，此后，这家企业迟到早退现象大为减少。

从这个案例我们可以看出，企业的考勤管理可以不是严苛、老旧的，完全可以根据企业的现状选择适宜的方法，以此不断优化考勤管理流程。

9.5 离职流程设计：手续+面谈+归因

在《中华人民共和国劳动合同法》第三十六条至第四十七条中，对企业员工离职做了详细的规定，员工离职不是一件说走就走的事，需要具备一些条件。

首先是企业与员工双方协商一致，其次员工要以书面形式申请离职，最后员工离职有时间限制：转正员工需要提前三十天，试用期员工提前三天提交书面的离职申请。完整的离职手续应该包含哪些内容？如图9-6所示。

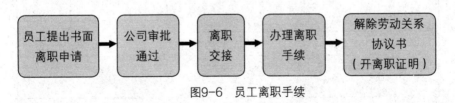

图9-6　员工离职手续

在员工办理离职手续时，需要以下几个表单。

1. 员工离职申请书

由员工本人提出书面申请，递交离职申请书，如果企业同意，可以直接在书上批复，并填写具体的离职日期，如表9-2所示。

表9-2　员工离职申请书

姓名		工号	
部门		岗位名称	
到职日期		预定离职日期	
离职后职业			
事由			
部门意见			
批示			
离职生效日期：		批准人签字：	
总经理签字：		备注	

2. 员工离职工作交接表

这个由员工本人准备，详细记录有哪些工作和资料要交接给别人，离职员工与交接人都要签字，还要有见证人的签字确认。如表9-3所示。

表9-3 员工离职工作交接表（部门内部使用）

姓名		部门		职务		工作起止日期	
工作交接内容							
办公用品	电脑（设备交回，账号密码清除）						经办人签字：
	U盘						
	其他						
相关文件							
正在办理工作							
将要处理工作							
部门核准		接管人			监交人		

3. 员工离职审批单

如果离职员工的离职手续要涉及多个部门，可以做个员工离职审批单，如表9-4所示。

表9-4 员工离职审批单

责任部门	负责人	办理内容	责任人确定
本部门	部门经理	部门经理已知晓员工今天开始办理离职手续	
仓库管理部	统计员	□退防静电腕带　□退镊子　□归还借条 □遗失损坏扣款：　　元 □材料报废金额：　　元	

续表

责任部门	负责人	办理内容	责任人确定
财务部	财务经理	清算各类费用	
后勤管理部	后勤文员	□退衣鞋柜钥匙　□退宿　□退拖鞋	
	宿舍管理员	宿舍管理员签字确认	
人力资源部	档案专员	□无扣款　□各项手续齐全	
	人资经理	人力资源部经理确认此员工离职手续办理完毕	

4.《解除劳动协议书》或《离职证明》

《解除劳动协议书》用于办理社保的停保用，《离职证明》用于员工下一份工作。其中《解除劳动协议书》一式三份，员工一份，企业一份，社保局一份，需要员工签字确认。

除了工作交接，并办理相关手续，离职面谈是最为重要的一项工作。企业人事部如何才能做好离职面谈呢？

面谈应该选择气氛轻松的地点，比如咖啡厅。面谈前应准备好该员工的相关资料，包括员工的个人资料、绩效、培训记录等。在面谈时，将面谈的重点记录下来，用于之后的离职归因分析。

离职面谈是确保员工离职后不给企业带来负面影响的重要措施。

当企业的人事部与员工面谈后，要分析和记录离职原因。从离职的主要原因入手，比如员工离职的原因是企业的管理制度有问题，那企业就要重点考虑是否重新修订企业的管理制度。如果员工离职是因为发展规划问题，那么企业就要考虑完善的人力资源选聘、培训和发展机制，以便为员工提供良好的发展通道。

深圳一家企业对外宣称其CEO主动辞职，但实际上该CEO是因为与董事会意见相左而被解雇的。这名CEO并没有办理正规的离职手续，而是在人事副总裁的监视下，收拾完自己的东西后悠悠离开。离职后，该CEO以这家企业无理由解雇为由，提起了诉讼，给企业带来了负面影响。

由此可见，离职流程是否做到正规合理，给企业带来的影响很大，这个企业的董事长没有考虑到直接解雇员工会给企业带来怎样的后果，因为没有走正规的离职手续，结果给这家企业带来了很大的负面影响。

9.6 办公环境管理：游戏化+治愈化

什么是办公环境的游戏化与治愈化？简单来说，就是改变严肃刻板的办公环境，将办公环境与游戏等因素融合在一起，为员工打造更轻松的工作环境，以提高员工的工作效率。

大多数办公环境都是灰色格子间加上黑色座椅，色彩相对来说较为压抑，久而久之会让员工失去工作的动力。

办公室是一个高压的地方，需要营造一个治愈的办公氛围，来中和工作中的压力。治愈系的办公室家具通常有这样的属性：简洁、环保、萌等。

设计师塞西莉设计了一款舒芙蕾沙发，如图9-7所示。

图9-7 舒芙蕾沙发

Soufflé原本是法国一款入口即化的甜品名字,设计师从甜品中找到灵感,设计了这款和甜品外形相像的沙发。圆形底座上顶着蓬松的软垫,看上去就给人很舒服的感觉,像小甜品一样可爱,这样的家具放在办公室里,可以给员工带来一种轻松的办公氛围,驱赶办公室里的焦躁感。

莫妮卡设计的可携带式会议室Colud是一项有趣的发明。巨大的白色气囊外形,通风、隔音效果都极佳,平时可以收起来,开会时再打开,如图9-8所示。

图9-8 可携带式会议室Colud

这样的会议室增加了开会的趣味性,让开会变得不再刻板。

Offecct为Vattenfall总部提供了Minima扶手椅和Lite椅子。软软的黄色靠垫，明亮的颜色提升了整个办公环境的亮度，沙发的背脊设计得很薄，没有占据办公室过多的空间。Minima沙发如图9-9所示。

Lite椅子的设计简单，如图9-10所示。靠背是宽大的弧形面设计，贴合人的身体构造，同时它还可以堆叠起来，便于运输和堆放，并节省空间。

图9-9　Minima沙发　　　　　图9-10　Lite椅子

以上举的例子都是通过改变办公家具来改变办公环境，这些色彩饱满、形状适宜、外形有趣的家具增加了办公环境的趣味性与治愈性，没有了传统办公环境的枯燥，使得快乐办公成为可能，提高了员工的办公兴趣。

9.7　会议管理流程：筹备、主持、决策、执行

企业会议看起来很简单，但实际上，想要使企业的会议有效率地开展并不简单。

企业怎样做可以减少低效会议？那就是加强会议流程管理，将会议划分为几个重点：筹备、主持、决策、执行。其中筹备、主持、决

策是会议的前期阶段,具体内容如图9-11所示。

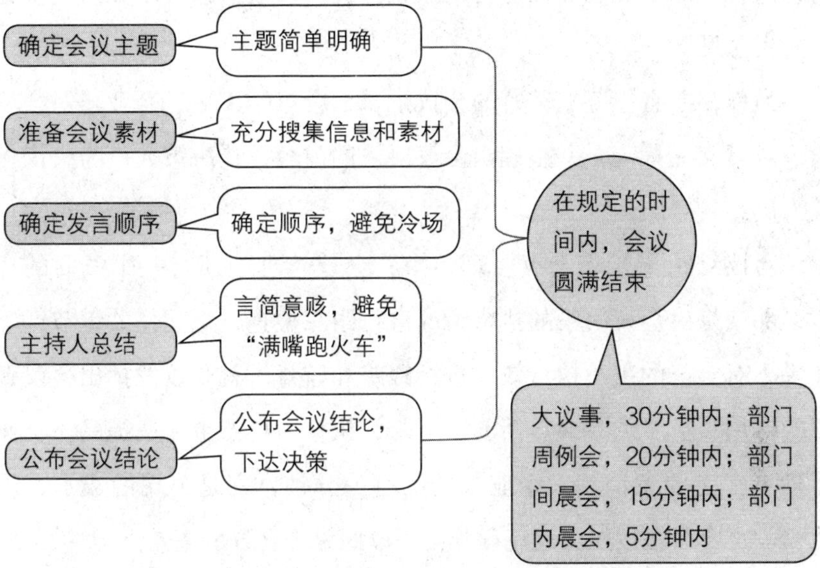

```
确定会议主题 —— 主题简单明确
准备会议素材 —— 充分搜集信息和素材
确定发言顺序 —— 确定顺序,避免冷场
主持人总结 —— 言简意赅,避免"满嘴跑火车"
公布会议结论 —— 公布会议结论,下达决策

→ 在规定的时间内,会议圆满结束
  大议事,30分钟内;部门周例会,20分钟内;部门间晨会,15分钟内;部门内晨会,5分钟内
```

图9-11 会议筹备、主持、决策环节的具体内容

在会议的筹备环节,企业要先确定会议主题,准备好会议素材,并确定好发言顺序,以免出现开会准备不充分或会议内容混乱的问题。

同时企业要安排主持人来主持会议,主持人在会议中起到控场的作用,既要控制好会议按流程进行,又要控制好各个流程的时间。如果发言者发言跑题,主持人一定要及时提醒,将发言内容拉回到会议主题上来,以保证发言者的效率。

企业在选择主持人时,要侧重于主持人的能力,包括主持人的控场能力、总结归纳能力、应对意外情况的能力、化解冲突的能力等,其中总结归纳能力非常重要,可以使会议内容更加明确。

在会议中,参会人员要对问题进行充分的讨论,这就要求发言人

立场明确，当与会人员有企业主要领导时，企业主要领导要综合会议讨论过程中的意见和建议进行决策，并提出后续修改方案和后期实施的相关意见。

另外，要有规范、完整的会议记录，会议结束后，企业要对会议决议进行交叉检查，并整理出会议决策的内容，让决策人员与决议相关人员签名确认。

会议结束不代表会议管理结束，会议管理中还有一个重要的环节，那就是对会议决策的执行情况进行跟踪检查，把握住关键节点。如果不对会议的决策执行效果进行跟踪和监督，就难以发挥出会议真正的作用，员工的参会热情就会下降，执行力自然也无法提高。企业管理者一定要意识到：企业浪费的每一分钟，都是公司的成本，因此，一定要严格按照会议流程开会，以此保证会议的高效。

第10章

财务管理流程设计

财务管理是财务部门为实现财务目标而进行的一系列活动。它是连接业务流程和管理流程的桥梁。本章将围绕财务管理流程,进行详细的解读。

10.1 财务预算流程:预算编制、审批与监控

财务预算反映了企业在未来一定期间内的现金收支、经营成果等财务状况,财务预算流程包括预算编制、审批以及控制。

一般情况下企业预算的编制要求全员参与,并且要求分类编制。常见的预算编制工作流程有哪些?

(1)制定目标。企业董事会根据企业发展战略和对预算期间的经济状况进行初步预测,一般于每年11月底前提出下一年度的年度财务预算目标,其中包括销售目标、成本费用目标、利润目标、现金流量目标等,并确定财务预算编制的相关制度,并由财务部将目标下达给各职能部门。

(2)编制上报。各职能部门根据企业下达的财务预算目标和相关制度,结合实际情况及要求,制定部门财务预算方案,并于12月底前上报财务部。

(3)审查平衡。财务部审查、汇总各职能部门上报的财务预算方

案，并由总经办协调，财务部对发现的问题提出初步调整，以及综合平衡的建议，并反馈给职能部门进行修正。

（4）审议批准。财务部正式编制年度财务预算草案，提交总经理及董事会审批。

（5）执行。财务部把董事会或总经办审批的年度总预算，进行相应的指标体系分解，并下达给各部门执行。

我们可以看到，在进行预算编制时，需要董事会或总经办对编制的财务预算进行审批，那么，企业如何进行预算审批？很多大中型企业都有内部专用的流程审批工具，将企业OA审批软件与财务预算管理软件结合使用，再加上一系列完整的预算管理制度对预算进行审批。

针对预算审批，事前需要准备以下资料：未来投入返还需要动支的预算支出的总金额；投入此项预算的支出；详细的销售额增长测算；估算无形资产。取得这些资料后，企业需要组织销售部、财务部等职能部门一起讨论沟通预算草案，并记录下财务部与职能部门达成的情况，将有争议的部分提交管理层决策，并不断优化预算方案。

预算监控的对象包括经营活动、投资活动、现金流量等，涉及企业的业务流和资金流两大方面，贯穿于企业经营活动的过程中。企业实现预算监控的重点是要建立一套行之有效的激励与约束机制，由上到下逐层监督、约束与激励。监控工作应重点围绕销售进度、成本、质量以及现金流这几项关键要素展开。

企业进行预算监控的目的有哪些？通过预算监控，企业可以跟踪目标完成情况和资源使用情况；掌握内外变化，并进行预算报告的差距分析，找到产生差距的原因，并制定改进措施。

预算监控有四个层级：预算执行机构自控、财务部门审核监控、高层审批监控及内部审计部门独立监控。

随着企业产权结构的多元化，企业进行财务预算管理是必然趋势，在进行财务预算时，要严格遵守预算的流程，做好预算编制、审批与监控工作。

10.2 融资管理流程：从BP到VC再到IPO

企业的融资管理是为了规范企业的项目融资行为，降低资本成本，减少融资风险，并提高融资成功率以及效率。

企业可以通过详细的融资管理流程进行前期预算，科学规划企业的融资规模、融资方式以及时间进度，使企业的融资策略与未来的资金需求相匹配，以此制定合理的融资方案。

在企业的融资管理流程中，BP贯穿始终。BP是商业计划书（Business Plan）的缩写，可以让投资人快速了解企业的产品，并向投资人说明企业的产品能创造怎样的价值。

撰写BP是为了企业融资，融资能为企业带来日常运行、发展壮大所需要的资金，但企业每个阶段的融资方式都不相同，所以企业需要根据每个阶段的发展情况选择最合适的融资方式。

企业的发展一般分为四个阶段，即种子期、发展期、扩张期以及稳定期。常见的企业融资阶段包括种子轮、天使轮、A轮、B轮、C轮、IPO等，每一轮对应的投资人不同，其中在企业发展最为关键的成长期获得的投资被称作VC投资，如图10-1所示。

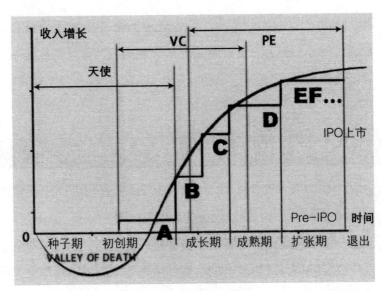

图10-1 企业融资阶段

VC是风险投资（Venture Capital）的缩写，简称风投，这是一种向初创企业提供资金支持并取得该企业相应股份的一种融资方式，是一种私人股权投资。

风险投资是把资本投向蕴藏着失败风险的高新技术及其产品的研究开发领域，旨在促使高新技术成果尽快商品化、产业化，以取得高资本收益的一种投资。

风险投资有以下几个特征。

（1）投资对象多为处于创业期的中小型高新技术企业。

（2）投资期限在3~5年或更多，投资方式一般为股权投资，占有被投资企业30%左右的股权。

（3）风险投资人（venture capitalists）一般会积极参与被投资企业的经营管理，并为之提供增值服务。

（4）一般情况下，风险投资人会满足被投企业的后续发展阶段的融资需求。

企业发展到最后，一般都会IPO。IPO是首次公开募股（Initial Public Offerings）的简称，是指一家企业第一次将它的股份向公众出售。

随着企业IPO，企业将获得更好的发展机遇，并且由于接受了监管当局严格的监管，企业在治理方面会更加规范，有助于建立完善、规范的经营管理机制，提高企业运营质量。

企业在IPO时，会通过报纸、电视、网络等媒介不断向社会发布企业披露的信息、证券交易信息以及券商等投资咨询机构对企业的研究信息等，以此来提升企业知名度，扩大企业的影响力。IPO后，企业获得了直接融资渠道，通过资本市场获得更多的低成本资金，以此促进企业的更快发展。企业还可以用股票进行兼并收购与资产重组，增加企业的并购机会，从而提高企业的扩张能力。

企业的融资管理流程是为了能更好地融资，以获得更多发展机遇，企业一定要把握好这一过程中的关键环节，也就是BP、VC以及IPO。

10.3 资产管理流程：全生命周期管理

企业的资产全生命周期管理在企业的全周期成本管理中发展产生，是系统工程理论在资产管理上的应用。与资产管理相比，企业的资产全生命周期管理更为全面和系统，它从长远利益出发，是一种动态的现代化企业管理工作。其主要研究对象是企业的整体资产，它以企业的经济发展为基础，研究市场的发展走向，对企业的资产运用进行整体规划设计，包括必要设备的采购、工资发放、项目投资等内容。

企业为什么进行资产的全生命周期管理？好处如图10-2所示。

企业通过实施全生命周期管理，可以获得经济上、管理上以及企业形象上的收益。

图10-2　企业进行资产全生命周期管理的好处

那么，企业如何进行资产的全生命周期管理？

1. 科学设计

企业各部门联合起来，进行系统的协作，统筹管理资产全生命周期的各个阶段，以此来提高企业的经济效益。

2. 合理管理

在进行企业的资产全生命周期管理时，企业要把整个管理系统中的工作要求转化成科学的要素参数，并针对这些要素参数制定标准，运用标准监督企业的管理系统，进行实时优化，保证资产全生命周期管理有序进行。

3. 制定资产全生命周期管理的考核标准

企业经营活动的最终目的是为了实现企业资产价值的最大化，资产全生命周期管理的考核标准也要依此制定，以实现资产的优化合理配置，减少资产闲置，提升资产利用效率。考核标准要占用最少的资产，获取最大的经济利益。

4. 建立资产全生命周期信息管理系统

首先从企业的财务资产管理入手，建立企业独特的资产全信息管理系统，实现信息的纵向贯通和横向集成。其次要规划企业的业务流程，建立资产全生命周期管理考核标准，对资产的全生命周期进行实时全程的信息化管理。

5. 加强对固定资产的管理

在企业的全部资产中，固定资产占用很大部分，因此，加强固定资产的管理是建立资产全生命周期体系的基础。在进行固定资产的管理时，企业要以优化资产管理为主线，对固定资产使用的各个环节进行管理。企业可以制定固定资产目录表，详细记录固定资产的种类、使用、处理和报废处置等信息，使每一步使用情况都有迹可循。

企业的资产全生命周期管理本质上是在实现实物管理和价值管理的有效结合，实现企业资产在生命周期内发挥最大经济价值和使用价值。

10.4 会计核算流程：会计循环七步法

会计循环是一种按照一定的步骤反复运行的会计程序。从会计的工作流程来看，会计循环包括确认、计量和报告等环节；从会计核算的内容来看，会计循环包括填制和审核会计凭证、设置会计科目和账户、复式记账、成本计算、财产清查、编制财务会计报告等。

简单来说，在会计实务操作中，由做原始凭证开始到编制会计报表的这一过程也叫会计循环。这是会计每个月都要做的事情，整个流程共有七个步骤，如图10-3所示。

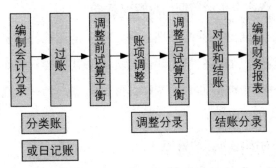

图10-3　会计循环的工作流程

（1）企业的每笔经济业务发生后，根据实际发生情况和完成情况编制必要的会计分录。

会计人员可以通过编制记账凭证的方式编制会计分录，也可以在日记账中进行编制，采用日记账编制会计分录时，要求企业所有的经济业务都记入普通日记账或特种日记账中。

（2）将记账凭证或日记账中所确定的会计分录，分别过入有关总分类账户和细分类账户之中。

（3）根据会计等式的平衡关系检查、验证会计分录和过账工作是否存在错误，以保证账本记录的正确性。

（4）账项调整。根据权责发生制的要求，按照收入、费用的归属期,编制调整分录,并对账本记录进行必要调整,以正确计算出当期损益,并正确反映出企业会计期末的财务状况。

包括五个内容,分别为:应计收入的账项调整、应计费用的账项调整、预收收入的账项调整、预付费用的账项调整以及期末的其他账项调整。

我们以应计收入的账项调整为例,看看如何进行账项调整。应计收入是指已在本期实现的、因款项尚未收到而未入账的收入,如应收的租金。

上海一家房地产企业2018年7月1日将一栋办公楼出租给一家互联网企业,租赁期3年,月租金100 000元,于每年的6月30日和12月31日收取租金,企业7~12月每月应作如下调整,如表10-1所示。

表10-1 账项调整

借:其他应收款	100 000元
贷:其他业务收入	100 000元
年末收到款项时	
借:银行存款	600 000元
贷:其他应收款	600 000元

(5)调整后试算平衡。根据"资产=负债+所有者权益"这一会计等式的平衡关系,通过汇总计算和对比,检查账户信息是否正确、完整。

(6)对账和结账。会计人员要在每一个会计期末进行对账,以分类账户提供的会计数据和会计主体财产清查的结果为依据,确保账簿反映的会计资料正确。

另外,会计人员还要根据一定时期内的全部入账的经济业务内容，对各种账簿记录进行结算，结算出本期的发生额和期末余额，提供编制会计报表的标准资料。结账方式分为月结、季结和年结。

（7）编制财务报表。编制财务报表在所有的调整分录编制完成后才可以进行。会计人员根据分类账户中有关账户的发生额和各账户的期末余额，编制企业资产表、损益表、现金流量表及财务状况说明书等，以便投资人、企业高层、债权人、政府监督部门及时了解报表单位的会计信息，来更好地制定经济决策。

企业的会计人员掌握并严格遵守会计循环的七个流程，就能减少会计核算工作中出现的错误，提高核算工作效率。

10.5 账款管理流程：加快资金回笼，减少坏账

企业的账款管理包括应收账款、应付账款等，其中应收账款是企业账款管理的重点。

随着市场竞争的日益激烈，很多企业都面临"销售难、收款更难"的困境。企业为了争取客户订单，需要不断赊销，客户又拖欠账款，占压企业的流动资金，使企业面临巨大的商业风险。因此，企业必须加强对应收账款的管理，加快资金回笼，减少坏账。

企业如何管理应收账款？有以下几个做法，如图10-4所示。

1	制定合理的激励政策及应收账款回款责任制
2	建立客户信用评定、审核制度
3	建立逾期应收账款风险预警机制
4	积极运用法律手段加大追索债务的力度

图10-4　企业管理应收账款的做法

1. 制定合理的激励政策及应收账款回款责任制

企业应制定严格的销售制度，将产品销售和资金回笼结合起来，加强销售人员的回款意识，同时制定严格的资金回款业绩考核制度，明确催收债款人，把销售回款率作为考核的一项重要指标，与员工的工资、奖金等挂钩。

2. 建立客户信用评定、审核制度

企业的销售部门应详细整理客户的业务资料档案，记录客户的组织机构、企业负责人、地址、电话、工商执照号码等信息，通过记录的这些信息分析客户信用状况并评定信用等级，实行动态的信用分级管理，减少对信用等级下降客户的发货，停止对资质信用差、长期拖欠货款的客户发货。

3. 建立逾期应收账款风险预警机制

预警是为了加强对超期超量的应收账款的管理，及时发现潜在的风险债务，及早采取有效的防范措施。

企业可以根据客户，设立应收账款台账，并进行往来账户的结算登记、核查和清理，定期跟踪和分析应收账款的账龄，编制账龄分析表，对逾期的应收账款进行重点监控，调整信用政策和信用标准。同时查明超过信用期的应收、应付账款产生的原因，制定具体的催收、支付计划。

4. 积极运用法律手段加大追索债务的力度

企业要充分运用法律手段清理欠款，维护企业的合法权益。对过期的应收账款，企业有两种追讨方式：自行追讨和委托律师追讨。凡债务人没有明确的还款计划或作出有效承诺，企业都要诉诸法律进行追讨。

企业应根据具体的实际情况，建立不同程度的追讨文件，从轻到重分别是：预告、警告、律师信，并按情况及时发出。

10.6 内部审计实操：10 个关键步骤

为更好地完成企业的内部审计工作，保证审计人员顺利完成审计任务，企业要对内部审计的操作流程进行明确规定，企业的内部审计工作有10个关键步骤，审计人员在进行审计工作时应遵照执行。

1. 审计立项与授权

审计立项是确定具体的内部审计项目，也就是被审计的对象。企业的审计对象包括企业内部的各职能部门、各项经营活动或项目等。

针对已立项的审计项目，审计部要在审计实施前，将相关正式报告交给企业总经理进行审核、批准与授权。

2. 审计准备

在确定审计事项后，审计人员要制订审计计划，为审计工作做准备。审计人员要初步确定具体的审计目标，一般情况下，内部审计的总目标是审查和评价企业的各项经营管理活动，协助企业员工更好地履行他们的职责。另外，审计人员应根据具体的审计任务确定审计范围，以确保审计目标的实现。

在制订审计计划时，审计人员应收集、研究审计对象的资料信息，并成立审计小组，指定审计项目负责人，确定审计时间与具体的安排，然后向相关对象发送审计通知书。

3. 初步调查

初步调查有三种形式，分别是审计座谈会、实地考察以及研究文件资料，以便了解基本情况。审计人员还要编写初步调查说明书，描述被审计项目的基本情况及初步调查的情况。

4. 分析性程序及符合性测试

审计人员根据财务报表和相关业务数据,计算相关比率、趋势变动,用定量的方法理解被审计项目的经营状况,通过对各项指标的比较和分析,审计人员应重点关注发现的异常情况,有针对性地使用审计程序。审计人员还应全面熟悉与分析被审计项目的内控制度,根据实际情况进行相关的测试。

5. 实质性测试及详细审查

在对内部控制的初步评价基础上,审计人员要进行实质性测试及详细检查。审计人员应充分收集可靠的审计证据,进行审核、分析与研究,以此形成审计中的判断。

6. 审计发现和审计建议

内部审计人员通过执行初步调查、符合性测试和详细审查,收集相关审计证据,通过在分析与评价形成审计内容中发现并提出适当的审计建议,以便被审计项目可以完成内部控制、降低经营风险。

7. 审计报告

审计项目负责人应复核审计人员的审计工作底稿和收集的相关证明资料,并监督和管理审计人员实施的相关审计程序。审计项目负责人还应整理审计工作底稿及相关资料,编写意见交换稿。

外勤工作结束后,审计项目负责人应在意见交换稿的基础上,编制正式审计报告,根据与被审计单位沟通的结果,正式完成编制。审计部门负责人详细审核审计报告及相关的审计资料,确认后正式报送给企业总经理及审计委员会,并对审计结果进行简要口头汇报。

8. 后续审计

审计人员要对被审计项目实施后续审计,确定审计中发现的问题是否得到了及时的处理或解决,暂时无法解决的问题是否已上报并得到了企业总经理或董事会的批准。

9. 审计评价

审计部负责人指定具体的负责人总结和评价具体审计项目的执行情况、审计方法、审计程序及审计目标的完成情况。

10. 审计档案

审计人员完成审计资料的整理、装订、编号工作，形成内部审计档案，并交由审计部负责保管。

10.7 财务分析流程：定量定性分析，编写分析报告

一般情况下，企业的财务分析就是对企业的财务报表进行分析。主要分析方法有两个：定量分析和定性分析。

定量分析是用"数字"描述事物的特性。财务人员根据企业的资产负债表、利润表、现金流量表中提供的数字，通过计算流动比率、产权比率、净资产收益率等指标，用数字量化企业的财务状况，并考察企业各项指标及各方面能力。

定性分析是用"语言"描述事物的特性，对研究对象进行"质"的分析。分析者借助直觉和经验，借助分析对象过去和现在的延续状况及最新的信息资料，判断并分析出对象的性质、特点以及发展变化规律。定性分析就是运用归纳演绎、抽象与概括等方法，对获得的材料进行思维加工，从而能由表及里，认识到事物本质，揭示其内在规律。

对财务报表进行分析后，企业财务人员要做的工作就是编写财务分析报告，从编写的时间来看，财务分析报告分为两种：一是定期分析报告，二是非定期分析报告。从编写内容来看，财务分析报告分为

三种：综合性分析报告、专项分析报告、项目分析报告。财务分析报告分类如图10-5所示。

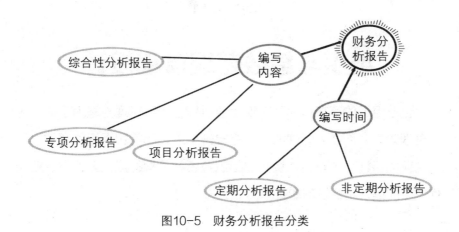

图10-5　财务分析报告分类

随后就进入财务报告编写的分析起草阶段，在这一阶段，财务人员要注意以下几个问题：文字表格、逻辑性、阅读对象、客观性以及数据口径等。初步编写完成后，财务人员要对分析报告进行核查并完善财务报告的内容，以保证其正确性。

财务人员除了要在分析报告中，从财务角度对经营情况、财务状况、盈利业绩作出公正客观的评价和预测外，还要对企业的经营运作中存在的问题和投资决策情况提出具体的看法和意见，最好在报告中提出一套切实可行的方案。

财务分析报告反映了企业的经营状况与发展情况，财务人员在进行财务分析时一定要认真谨慎，将定性定量相结合，编写优质的分析报告。

组织与绩效管理流程设计

企业组织的存在是为了实现企业目标，组织管理则是为了提升企业管理效率。而绩效管理的目的是提升个人、部门和组织的绩效，实现企业的目标。本章将围绕企业组织与绩效管理的流程，介绍企业如何做才能提升企业管理的效率。

11.1 简化组织流程：人事相宜与人岗匹配

随着企业的发展和壮大，企业的组织结构也逐渐变大，随之而来的问题就是企业的组织结构臃肿，效率低下，这个时候，简化企业的组织结构尤为重要。那么，企业应该怎么做才能简化组织结构？那就是要做到人事相宜与人岗匹配，使员工的最大优势与岗位相匹配，最大限度发挥出其应有的效能，为企业创造高价值。

企业如何做到人事相宜与人岗匹配？具体有以下方法，如图11-1所示。

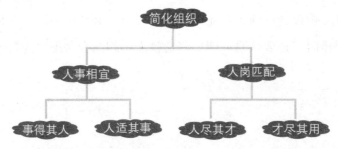

图11-1　企业做到人事相宜与人岗匹配的方法

企业要通过人事相宜的方式，保持组织的动态平衡，把促进人的发展作为用人的主线，挖掘员工的潜力，保证工作的高效运行。

1. 事得其人

企业的组织是完整的系统，由各相互联系、相互制约、相互促进的子系统组成。整个组织系统效能的发挥，得益于各子系统的高效运行。企业想要做到人事相宜，首先就要做到事得其人，保证整个组织系统的高效运行。

2. 人适其事

要想充分发挥员工的潜力，企业要为员工提供适宜的环境。企业只有做到"人适其事"，才能真正发挥员工的作用，促进人与事的良性发展。企业只有"人岗匹配"，发挥员工的专长，才能成为高效的组织。

3. 人尽其才

工作中，如果每个员工都"尽其所能"，那么不仅可以调动自身的主观能动性，把工作做好，还能赢得更多的发展机遇。

4. 才尽其用

"才尽其用"是企业对人才的重视，是人才发挥能力的前提。如果企业无法为员工提供足够大的舞台，也就难以促进员工的发展。

企业在简化组织时，一定要严格遵守"人事相宜，人岗匹配"的原则，使员工与岗位高度匹配，才能真正发挥员工的作用，达到简化组织和提高效率的目的。

11.2 组织扁平化：层级降维与效率升维

随着企业的扩张，管理层次越来越多，最高层的指令经过层层管理层的传递,容易失真,失去信息的真实性和完整性。因此,很多企业都在努力减少组织层次,也就是层级降维,进行扁平化管理,裁减冗余人员,建立起一种紧凑、干练的组织结构,以提高效率,如图11-2所示。

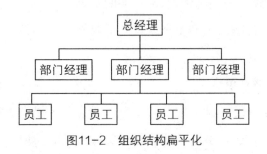

图11-2　组织结构扁平化

与传统组织结构相比,扁平化的组织结构更加灵活、民主,能加强内部沟通,有利于调动员工的创造性和积极性,更加迅速地对环境变化做出反应。

虽然企业的组织结构扁平化从直观上看有很多优点,但在很多企业里,它的效用依旧很低。随着企业组织结构的扁平化,企业的管理层级降维,管理幅度与管理难度都在增加。

那么,企业怎么样才能做到组织的扁平化管理,实现层级降维效率升维?我们以小米为例。

案例

> 小米的组织架构只有三级:核心创始人—部门负责人—普通员工。除创始人有固定职位外,其他人都属于工程师,没有职位之分,不存在职位晋升的问题,唯一的奖励就是涨薪。因此,小米的员工不用考虑太多,只要一心扑在工作上即可实现个人利益。

从小米的案例我们可以看到，实现组织的扁平化首先要做到主要合伙人各司其职，互不干涉。

小米之所以能维持组织的扁平化，最关键的是小米的每一块业务领域都有一位核心创始人，分工明确：雷军担任董事长兼CEO，林斌担任总裁，黎万强负责营销，周光平负责硬件，刘德负责小米手机的工业设计和供应链，黄江吉负责米聊产品，洪锋负责MIUI，王川负责小米盒子和多看。

扁平化的组织结构最大的优势就是"快速反应"。小米除了每周一要开例会外，平时很少开会，这样的管理制度减少了层级之间相互汇报所浪费的时间，极大提高了反应速度。

企业通过减少中间的管理层，实现组织的层级降维，但又因为层级降维，减少了信息在管理层中传递所消耗的时间，提高了组织的效率，实现了效率升维，这里的降维与升维呈现反比关系。

11.3 组织无边界化：消除组织与部门隔膜

传统的企业组织结构是一种自上而下的金字塔式，有四种边界：垂直边界、水平边界、外部边界、地理边界。垂直边界是企业内部的层次和职位等级；水平边界分割职能的部门及规则；外部边界隔离了企业与顾客、供应商、管制机构等外部环境的影响；地理边界是文化、国家和市场带来的界限。

随着信息技术的发展，这些边界日益模糊，跨界运作成为企业的常态，企业管理也要向更为灵活、更为高效的方向转变，如去中心化、去中层等，打造无边界的组织，以提升企业内部的效率。

企业如何打造组织的无边界化？

1. 跨越垂直边界

打破职位等级这种僵化的定位，将权力下放到基层，让基层下属有一定的自主权，职位为能力让路，让负责结果的一线人员做决策。这就要求企业要培养员工的领导能力，建立绩效与薪酬正比体系，让员工薪酬以员工绩效为基础。

2. 打破水平边界

组织的无边界化要求企业突破各个职能部门之间的边界，如图11-3所示。让计划、生产和销售等各部门连接，形成统一的系统，保证在顾客面前企业是一个整体。除此之外，企业还要组建多功能团队，在为顾客提供服务的过程中，让团队中的每个成员都能获得大量信息、经验和方法。

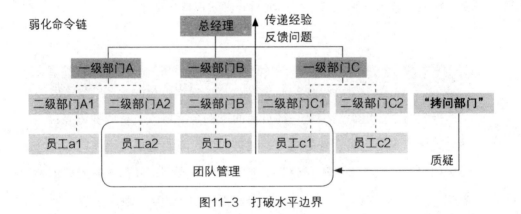

图11-3　打破水平边界

3. 跨越外部边界

推倒外部的围墙，让企业能与供应商、顾客、竞争者、政府机构等外部环境融合，成为一个能够创造价值的系统，建立供应链管理与战略联盟管理机制，以达到共同拥有市场、共同使用资源的战略目标。企业进行虚拟化经营与网络化经营，以合同为基础，借助其他组织进行经营活动。

4. 跨越地理边界

打破跨国企业的地理边界，位于不同国家的企业组织部门可以相互学习，与当地文化相融合。

> 为了打破组织的边界，海尔把销售环节、研发环节打碎，放弃原来的组织方式，海尔进化为平台的组织者，并构建按单聚散的平台型人力资源体系，让每个环节的参与者都是平台玩家。
>
> 项目确定后，根据项目目标召集最好的人力资源组成一个项目团队，这些资源可能来自海尔内部，也可能是来自海尔外部。等项目完成后，再开始新的项目时，再根据项目需要重新聚集相关资源。
>
> 海尔的自主经营体实行了"竞单上岗，官兵互选"，让每个员工都能公平竞争经营体长，如果经营体长不能带领团队实现目标，那么经营体员工可以重新选择经营体长。
>
> 通过这样的方式，海尔部门之间、管理者与员工之间的边界被打破，把提升效率作为原则，灵活配置资源。

企业通过实现组织的无边界化，可以提高信息在整个组织的传递、扩散和渗透能力，实现各部门的有效合作，使各项工作在无边界的组织中顺利开展和完成。

11.4 制定组织规则：责任分配制，节省预算

企业在建设自己的组织时，首先要制定相应的规则，以免在建设

企业组织的过程中出现偏差,浪费企业的预算。

这个规则是什么?就是责任分配制。将相应责任分到对应的人身上。

实现企业组织的责任分配制的前提是进行责任设计,全面正确处理组织上下级之间和同级之间的职权,把各类型的职权合理分配到各个层次、部门和个人,减少责任不明的中间地带,提高整个组织的运作效率,节约预算。

通过责任分配来引领企业组织的变革,需要企业有明确的想要达成的目标,把相关的责任交给个人负责,让责任人决定如何达成这一目标。企业高层不需要为他们安排必须完成的任务,让责任人在发现问题时能做出快速反应。

这种责任分配制具有以下两个特点。

1. 灵活性

员工可以灵活地解决自己责任区内的问题,在问题得到解决后,这些负责具体问题的员工就会被重新指派新的任务,去承担新的责任。

2. 减少预算

责任人有责任高质量高效率地去独立解决问题,减少不必要的开支,为企业节约成本。

要想在企业的各个层级去发展责任分配制度,企业管理者必须学习如何将权力下放给员工,并避免制造混乱,责任人必须学会如何正确使用企业赋予的权力。

前任纽约梅隆银行全球首席技术官在进行梅隆银行的IT部门变革时,他发现自己提出要求员工像"迷你CEO"一样行事的理论后,一部分被赋予了这一角色的员工能做得非常好,成功解决了问题并抓住机会。

这一部分员工不仅能担负起自己被分到的责任,还能借助这一机会不断发展、提升自己。

责任分配制是实现团队成员分工、明确员工角色与职责的有效工具,通过这样的规则,能直观地反馈团队的每个成员该做什么、担负什么样的责任。每个具体任务都能落实到团队成员身上,确保事有人做、人有事干。

11.5 流程管理与KPI考核方案

KPI考核方案是企业常用的绩效考核方法,全称为关键业绩指标,它是通过设置、取样、计算、分析企业内部某一流程的输入端与输出端的关键参数,衡量流程绩效的一种目标式量化管理指标,并把企业的战略目标分解成可运作的远景目标。

KPI可以帮助部门主管明确部门的主要责任,并以此为基础,制定切实可行的部门人员的业绩衡量指标,建立量化的业绩考评。

在设计KPI考核方案时,要注意软环境与硬环境两个条件。软环境是企业家的支持,是员工素质,尤其是管理层和核心人员作为考核人是否具有驾驭KPI考核方案的能力,除此之外还要获得其他部门的认可。硬环境是指绩效认同程度与运营指标等数据是否成熟,经营目标管理是否成熟。

KPI考核方案流程设计有两个重点。

一是提取KPI,能准确地提取出KPI就等于成功了一半。提取办法包括价值树、职位说明书、关键成功因素、"鱼骨图"分析法、BSC等，关键在于进行考核的时候有没有用到这些方法。

二是考核人还要进行目标分解，当企业的运营发生较大改变时，要能及时调整与重新分解考核中的预定目标，以免考核没有实际意义。

即便企业将KPI考核分解为具体的流程，但依旧有很多企业的KPI绩效考核难以成功，制定的目标无法实现。

案例

> 上海一家企业的销售部门在第四季度的考核结果总结会上，销售部门因销售目标未达成被总经理点名批评。销售部门的主管不服气，认为销售目标没有达到，不仅仅是销售部门的责任，他们一致认为市场部制定的市场策略有问题，新产品不对路，不能把所有责任都让销售部门承担。

出现这一争议的原因是什么？人力资源部门在进行KPI考核的目标分解时，只是根据部门、岗位的工作分析制定了部门、岗位的业绩目标，并没有进行全局考虑，这一方面造成了部门、岗位间的指标冲突，出现责任盲区，另一方面又将大家的关注点引导到局部的利益上，从而忽视了整体利益，导致考核并不切合实际。

企业在设计KPI考核方案时，一定要将KPI考核与流程紧密结合，以免KPI考核起不到应有的作用。

11.6 流程管理与OKR考核方案

OKR是目标（Object）与关键成果（Key Results）的简称。企业要想实施OKR，就必须进行流程再造，OKR的本质是全流程绩效，只有在流程上进行绩效管理，才能体现出OKR的特点。

由于传统企业多采用"分工"与"协作"的价值创造方式，"分工"导致实现绩效目标的难易程度不均衡，"协作"导致职能单元之间协同不顺畅，因此传统绩效考核并不适用于一些企业的商业模式，很容易造成绩效体系失灵。

要想解决这一问题，只能改变企业形态，颠覆这种传统的"分工"与"协作"式的产品管理，形成新的价值创造方式，这种方式就是基于流程的绩效管理，也可以称之为全流程绩效管理，它的绩效考核也自然采取了新的方法，即OKR考核。

那么，OKR考核的流程设计重点是什么？如图11-4所示。

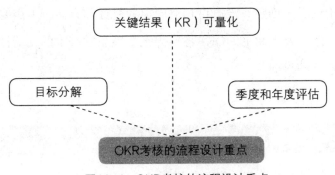

图11-4　OKR考核的流程设计重点

OKR考核目标分解有三个层面：企业层面、团队层面以及角色层面，要保证公开透明。谷歌的OKR内容和成绩都是公开的，会在每名员工的介绍页显示他们的OKR记录。企业里的所有人都能知道每个人的下一步工作，以及他过去做过什么。这样既实现群体监督，又能合理有效地组建项目团队。

考核目标顺着不同业务流程分解到不同的角色上，"部门"被"团队"取代，"职位"被"角色"取代，形成一种新的绩效目标分解方式。

同时要将关键结果（KR）可量化。比如"9月上线××产品，并在11月拥有100万用户"，这样的表述更为详细具体。

另外还要进行季度和年度评估，用0~1分为每一个关键结果打分。季度OKR要保持刚性，年度OKR进行不断修正。谷歌最佳的OKR分数在0.6~0.7之间，也就是说，员工得到高分也并不一定受到表扬，因为可能是本期制定的目标不够高，在下期OKR制定时需要调整；低分也不会受到指责，谷歌会通过对工作数据的分析，找到改进下一季度OKR的办法。

对企业而言，当自己发展到行业或者领域的尖端时，或者行业本身依赖于创新、创意，没有可相对固定的目标和方向时，需要企业不断探索，选择自下而上的OKR考核方案更能激发员工的创造性，这才是OKR考核的目的。

11.7 流程管理与平衡计分卡

平衡计分卡涉及四个维度，如图11-5所示。

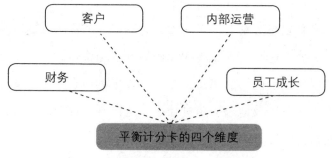

图11-5 平衡计分卡的四个维度

当我们对流程管理的认识逐渐深入时，可以发现平衡计分卡与流程架构有着非常密切的联系。

员工成长维度其实就是流程架构里的规划类、支撑类管理流程，通过支撑企业的内部运营维度发挥其相应作用，不直接创造价值。

内部运营维度其实就是流程架构里的研、产、供、销等运作类流程，通过研发、营销、采购、生产、质量等流程创造价值。

客户维度是客户的直接诉求，是影响客户满意度的主要方面。财务维度是组织经营的财务表现，针对股东的价值满足。

我们从流程的角度来理解平衡计分卡的四个层面，把这四个层面划分成两类：将"财务"和"客户"归为流程的最终输出指标，企业的所有流程都是为了保证企业的盈利性和可持续发展，保证能为客户持续创造价值。这两个目的相辅相成、相互牵制。所以我们需要首先将企业的总体战略目标分解到"客户"和"财务"这两个层面上，以便更好地诠释企业中所有的流程为什么存在、朝什么方向前进。而"运营"与"学习成长"属于过程类指标，这些指标是针对企业流程的过程衡量指标。

通过输出类与过程类层级的对应，企业就可以建设战略目标与具体流程之间的衔接关系，从而更顺利地分解落实战略。

我们以电网企业为例。从目标方面来看，电网企业是重要的民生企业，单纯的财务指标和股东价值最大化无法概括企业目标，应同时考虑国有企业发展、承担的社会责任以及为客户创造价值这三个方面。

电网企业的业务既要控制自己的利润率，又要同时开展电网的建设和运行。因此，应该专门增加电网层面发展作为主要指标指导。电网企业构建的平衡计分卡应包括：电网、客户、财务、运营、学习与成长。

在平衡计分卡中引入流程管理的理念和工具，能使分解更为科学和合理，将指标、行动计划和策略直接对应到具体的流程中，保证工作能和企业的具体业务形成紧密的对应关系，进一步促进业务成果落地。

11.8 流程管理与德能勤绩考核

"德能勤绩"考核多被用在国有企业和事业单位的年终考评中。目前有很多企业在使用这种考核方式。

发展刚起步的企业基础管理水平不高，没有太多绩效管理工作的经验，在这种情况下，"德能勤绩"式考核具有积极作用，有助于加强企业的基础工作的管理水平，增强员工的责任意识，督促员工完成岗位工作。

"德能勤绩"具体指什么？

"德"即品德、道德，由四个方面构成：思想品德、伦理道德、职业道德以及心理品德。在考核员工的"德"时，关键考核其思想品德与职业道德。

"能"即能力或才能、才干，是胜任工作的基本条件，决定了员工能否完成某项工作任务。

"勤"指员工工作能尽力尽责、勤奋不怠，体现员工的工作态度和事业心。

"绩"是工作中达成的结果优劣的体现，是员工的工作实绩，综合反映员工的个人工作能力、水平和努力程度。

对于企业员工而言，了解德、能、勤、绩的内涵有利于员工个人发展，树立时刻以企业发展为己任、在工作中不断进取的理念。

"德能勤绩"式考核没有部门考核，考核内容多是企业的价值观、规章制度、岗位职责等，适用于同一级别岗位。"德能勤绩"式绩效考核简单粗放，对组织和个人绩效提升的作用有限，虽然看起来易于操作，但实际上考核过程的随意性很大，人情因素影响很大，主观性强，考核结果与实际绩效相脱节。

"德能勤绩"四个方面可以运用到企业的价值观等主观因素的考核上，为企业的文化建设流程增砖添瓦，同时改善员工的工作态度等。总之，企业要慎重运用"德能勤绩"考核，尽可能将它与其他考核办法相结合，在企业的流程中实施，以免考核流于形式。

市场调研与产品生产流程设计

市场调研把消费者及公共部门和市场联系在一起,获得的信息用以识别和界定市场营销的机会和问题,增加对营销过程的了解,实际上是一项寻求市场与企业之间"共生"的过程。

12.1 市场调研方法:百试百灵的5W1H

市场调研的方法有很多种,在这里介绍一下最常用的5W1H方法,这个方法适用于大环境下。

首先我们来了解5W1H包含哪些具体内容,如表12-1所示。

表12-1 5W1H 包含的内容

5W1H	大环境
why	市场大环境怎么样
where	目标市场如何
what	新产品
who	有什么样的产品
when	什么时候做
how	投入多少资金去做
	怎么做,具体产品

了解大环境是项目开始前的重要工作，企业产生了一个商业想法或者构思了一个产品雏形，在实践之前，先要做市场调研，调研市场的大环境和大趋势，并结合自身资源去看是否有实现这个想法的必要。

我们来具体解释一下5W1H的具体内容。

1. why

首先要调研想做或者要做的产品市场所在区域是否有增长空间，从经济趋势的角度长远看待产品的发展情况和相关政策导向，使用2×2矩阵分析市场规模。

最理想的状态是处于"风口"，但能把握住"风口"机会的创业者很少，很大一部分都属于跟风者，在"饱和期"或者即将进入"饱和期"的时候进入市场。调查政策导向，分析国家或政府对该类产品的政策态度。

2. where

研究完大环境，要分析产品所针对的目标市场情况，要清楚垂直市场的发展状况，为做出理性的判断提供市场信息。

3. what

调研现有产品，有两个具体的方法：实体与软件。具体选择哪一个需要根据实际要做的新产品来决定。比如：做家庭收纳箱设计，更偏向于在线上做调研；做旅游产品的创意设计，更多地去线下考察，才能发现创意点。

通过线上线下的考察可寻找到市场上大部分的产品，了解已有产品的市场占有率。

4. who

主要是了解目标用户的特点。首先我们需要收集用户的信息，这些信息同样可以通过5W1H法获得。具体包括购买对象：购买什么(what)、购买目的(why)、购买时机(when)、购买地点(where)、购买方式(how)、购买人(who)等信息。然后我们要对这些信息进行统计分析，给目标用户分类，得出典型的用户模型，这样才能做出切中目标用户需求的产品。

5. when
对产品功能和产品战略进行规划，制定相关操作日程。

6. how
了解自己企业在市场上有没有优势，没有就在产品上找突破点、创新点，实现产品的差异化。同时要考虑企业对这个项目的人力、物力和财力的预算。

通过5W1H法，企业可以简要了解产品的发展前景等需要前期考虑的问题，这是最终能够成功输出产品的保障。

12.2 市场调研系统：信息分析系统与控制系统

市场调研是对市场上的数据和信息进行收集、分析和研究。在企业内部，市场调研应该是系统的，主要有两个方面：信息分析系统与控制系统。

信息分析系统是通过相应的技术手段，如工具、程序、分析模型等对企业内部和外部数据进行分析的平台。

现在有很多可以用来进行市场调研信息分析的免费工具和资源，比如：Think With Google、亚马逊、Social Mention、Business Dynamics Statistics、BizStats等。除了这些免费工具，企业还可以选择付费工具进行信息分析。

Think With Google用于探索消费趋势，帮助企业改进营销策略；亚马逊便于收集市场调查、新产品调查、商品定价、竞争对手资料等信息；Social Mention是社交媒体搜索和分析平台。结合用户自己生产的内容，具体选择哪一种，要看企业的实际需求。

企业的内部信息包括：客户订单信息、销售报告、销售预测、库存状况、应收账款统计等。它分析了企业的内部营运状况，是营销管理的基础工作。

很多企业都会忽略的外部信息调研是一个非常重要的环节，包括以下四个方面：行业状况研究、消费者研究、竞争对手研究、营销网络信息收集。

市场调研信息分析系统的建立非常花费人力物力，它需要由专人或部门负责管理，对调研的相关信息资料进行系统化分类、登记和整理，并进行动态跟踪记录，通过这个分析系统，将分析结果充分运用到营销策略的制定和决策当中，否则这个系统就形同虚设、费财又费力，没有实际意义。

信息控制系统是对内部信息系统、外部信息系统、信息分析系统以及信息研究系统的高效运转进行管理和控制，对市场调研的程序进行监控和优化。其中内部信息系统、外部信息系统又属于信息分析系统，四者的关系如图12-1所示。

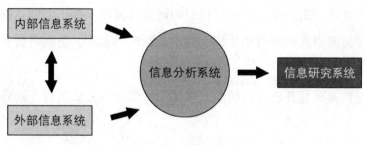

图12-1　四种系统的关系

信息研究系统是专业人员对信息分析系统产生的数据进行研究。通过这个系统，产品经理要对目标用户的产品偏好进行研究，并根据研究结果制定产品层面的策略。

从图12-1我们可以看出信息控制系统贯穿于市场调研信息的分析始终，是对整个信息分析的控制，这也是市场调研必不可少的一个环节。

企业的调研人员要合理利用这些系统进行数据分析，以免出现误差，导致市场调研工作的失败。

12.3 精细化市场调研：定性定量结合，输出数据报告

初创型企业没有足够的资金，一般是聘请专业的市场调研企业或者设立专门收集相关信息的市场部。不用做大规模市场调研，只要能掌握精细化市场调研的精髓，初创企业也能自行组织调研，以低成本获取高精确度的调研成果。

精细化市场调研多采用定性与定量相结合的方法进行调研，我们来具体了解一下定性与定量的内容。

1. 定性调查

调研人员要先收集大量的行业信息资料，对行业市场进行定性分析。

市场调研是一个动态的过程，调研的任何环节都需要创造性，这需要考验调研人员的营销知识、技术、思维能力等，是调研最有效、最有力的保障。

定性调研是开放式的访谈，多采用座谈会的方式进行。调研人员

在召开座谈会之前要认真准备好主题大纲,与受访者建立相互信任的关系。过程中要用录音和笔记录资料、分析、解释与报告。

提前准备的这个大纲只是用于参考,在座谈会上,调研人员要将焦点集中到受访者身上,从他们的视角出发询问问题。

2. 定量调查

定量调查常用的一种方法是问卷调查,这被业内人士看作是制胜的法宝。调研人员可以借助工具设计问卷调查,比如问卷星、番茄表单、腾讯问卷等。

问卷设计是问卷调查中非常重要的一个环节,它决定着市场调研能否成功。为更好地实现调研目标,调研人员要先确定研究的目标和内容,缜密设计问卷问题,包括消费者对产品的认知程度、对本品牌及其竞争对手的了解程度、购买动机、使用习惯、价格承受能力等,使搜集整理来的数据尽可能客观、真实地反映市场情况。

通过定量与定性的方法对市场进行调研后,要输出数据报告,整理调研数据,通过图表图形等进行可视化展现,同时输出调研结论,为下一步的工作提供依据。

调研人员可以使用对比分析法、结构分析法等分析方法,通过数据统计软件和数据分析工具进行分析。分析数据时要注意选择有效的数据分析方法。数据分析处理完成后,需要撰写报告展现调研结论,调研人员在报告中可以运用思维导图整理思路,使逻辑框架清晰,对市场调研数据进行系统分析并总结。

企业根据调研结论,可以了解用户的真实需求,从而明确产品的核心功能,评估现有方案的可行性,把调研结果整合到产品开发或更新的过程中。

12.4 市场调研结果：分析产品与竞品、机会与风险

完成了上面的调研步骤后，最后调研人员需要输出一个市场分析报告。这份报告最终要呈交给企业的领导与产品负责人，以便企业的领导指导项目的投资预期。

那么，这份报告要包含什么内容？主要有如下四个方面。

1. 产品分析

调研人员在报告书中列举有代表性的产品及企业情况，包括以下内容：流量、独立用户数等产品硬性指标；以硬性指标数据为主的增长态势；分析产品的核心优劣势、各产品间的关系；分析市场占有率、业务覆盖区域等业务情况。说明规模、员工数量、融资情况等基本企业信息。

在撰写产品体验报告时，要注意不要与竞品分析报告混淆，即便两者有一部分内容重叠，但还是分开写效果较好，有以下两点原因。

（1）目的不同。产品报告的目的是了解产品体验，侧重点在产品功能及用户体验。

（2）阅读对象不同。产品报告多是产品经理关注，竞品分析多是企业领导关注。

2. 竞品分析

竞品分析的目的是了解竞品情况。有以下几点作用。

（1）了解竞品的定位、产品、用户、市占率、盈利、企业以及行业趋势等。

（2）在对比中找差异点、行动点。

（3）通过竞品的项目或功能，帮助企业验证需求是否成立。

既然竞品分析这么重要，那么我们该选择哪些竞品进行分析？我

们用如图12-2所示的波斯丹顿矩阵进行说明。

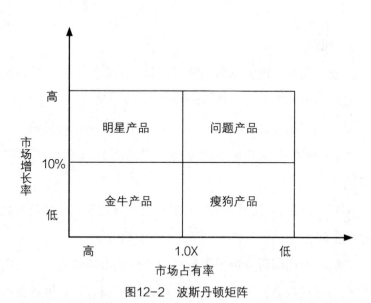

图12-2 波斯丹顿矩阵

从图12-2中可知，竞品可以从图中的"明星产品""金牛产品"当中进行选择，因为这样的竞品不仅市场占有率高，而且还在持续增长，背后的原因非常值得学习。

在报告书中，调研人员要展现以下几点内容：行业分析、产品定位及发展策略、企业情况、用户情况、市场数据、核心功能、产品优缺点、运营及推广策略、总结与行动点等。

3. 机会

企业进行市场调研的最终目的是找到发展机会，那么，这些机会可能出现在哪些地方？

（1）行业细分领域中。比如电商领域，以前没有人做消费决策类产品，但后来有人发现了这个机会，美丽说、蘑菇街就是典型的例子。

（2）用颠覆式的方法改写原需求满足中的一环，比如：uber和滴滴改写了人们的出行方式。

4. 风险

一般情况下，机会总会伴随着风险，因此，调研人员在报告中展现可能遇到的风险至关重要。具体包括以下几点内容。

（1）是否依托颇有难度的工作才能实现产品核心价值。

（2）企业所在的上下游企业以及行业巨头切入这个领域的可能性。

（3）盈利能力是否稳健？如果暂时无法盈利，产品是否具有盈利的想象空间？

产品的市场调研分析报告的目的是战线市场调研，以便更好地了解行业、寻找机会，因此没有完美的报告模板，只有更适合的解答，调研人员在撰写报告时要格外注意贴合客观事实。

12.5 产品定义：完成产品立项，组建研发团队

产品定义是对产品的功能、实现方式、应用场景确定下来，是开发产品的一个重要环节，在这一环节有两个工作重点：产品立项与组建研发团队。

首先我们来看一下产品的立项。

立项是指要明确产品的功能，目标要清晰可衡量。在立项时，所有参与者都处于同一种语言世界中，统一项目的方向，这样在讨论问题时可以最大化提高效率。产品立项时要考虑以下几个问题。

1. 产品满足了什么需求

很多时候，需求都是创意者自己臆想出来的，没有实际的数据支

持,逻辑也不清晰,在这样一个错误的方向上,怎么努力都不会成功。麦肯锡的电梯法,讲述的是麦肯锡要求他的业务人员要具有用30秒的时间向客户介绍方案的能力,用最短的话把想表达的信息表达清楚。几句简短的话就能告诉用户,你满足了他们什么需求,他们为什么要用你的产品。

现在有很多产品说自己发现了全流程的需求,提出"一条龙"式的产品方案。但实际效果并不尽如人意,以加油类的车后市场APP为例,APP包含了加油、洗车、办卡、保险、查违章等多项功能,但最终的结果是所有功能"无一精通",用户体验极差。

2. 产品是否沦落成"伪需求"

产品经理往往很难承认产品满足的是"伪需求",一般都是在产品最终失败的节点,才不得不面对这种"伪需求"。

那么,如何判断伪需求?不要按照用户的需要来设计产品。用户的需求是动态变化的,而且用户没有设计能力,所以他们只是为产品设计提供方向。

多与目标群体接触,看看他们聊什么,对什么感兴趣。忽略因为可能性所产生的产品设计想法。产品经理要注意"可能""有部分用户""万一"这类场景引发的设计需求,对于大部分用户而言,这些"可能"往往是"伪需求"。

3. 目标用户是谁,市场有多大

产品经理要能清晰地界定用户群体。下面以一款红酒应用为例说明。

入门:月均1~3次独饮

酒商类:周均2~4次伴饮

发烧友:周均大于2次独饮

这样清晰地界定用户范围，能帮助产品经理挖掘出不同类型用户的痛点。市场体量又与目标用户紧密结合。"中国有3亿葡萄酒消费用户，其中800万持续消费者，400万葡萄酒爱好者，35万发烧友"，看上去葡萄酒的市场很大，但对于目标用户是发烧友的应用而言，市场只有35万人。

完成产品立项后，下一步就是组建研发团队，将产品落到实处。组建研发团队时，首先要根据项目的能力需求进行筛选，找最合适的人才，研发团队一般由5～8名不同层面的成员和一个核心小组长(产品开发经理、PDT经理)组成。

研发团队主要承担协调企业资源、产品开发进度、与相关部门沟通等职责，直接承担产品研发的责任。因此，团队成员之间要互补、信任、包容，根据项目模式的协同目标构建组织框架，确定团队分工和责权，解决产品研发过程中遇到的问题。做好产品的立项与组建团队的相关工作，就能成功完成产品的定义工作。

12.6 产品设计：确定结构与外观包装设计

产品设计是将人的目的或需要通过具体的载体表现出来。展现产品风格，实现产品的附加值是产品设计的主要内容。产品设计包括包装设计、制作工艺、使用材料、质量和功能、结构设计等内容。

产品的结构设计是指在产品开发环节中，根据产品功能设计内部结构，具体工作包括根据外观模型进行零件分件、确定各个部件的固定方法、需要用到哪些零件以及每个零件的尺寸大小等。

我们把设计过程当作一个数据处理过程，那么工作能力设计只为我们提供有限的数据。零件的最终形状、结构的细节、所有尺寸的确定等工作都要在结构设计阶段完成，由于各零件之间的相关性，一般一个零件不能孤立地进行构形，因此设计者需要同时构形较多的相关零件。

为实现某种技术功能，设计者可以采用不同的构形方案，而这项工作又是设计者凭借"直觉"进行的，所以结构设计具有灵活多变性和工作结果多样性等特点。

产品的外观包装设计是产品的直观形象，是产品给用户的第一视觉冲击。因而，产品的包装就是产品的第一说明书。在设计外观包装时，设计者要先对产品进行系统的市场调查和产品分析，整理出最能打动用户的产品信息，将之作为产品的名称和产品的卖点。产品的外观包装设计既要体现产品的价值，又要符合目标用户的品位和心理需求。

果粒橙就是低浓度果汁市场的一个例子。即使果粒橙里面添加的不是橙粒，而是橙绒，但它的外观包装却能让用户感到诚意，如图12-3所示。

图12-3　美汁源果粒橙外观包装

我们可以看到，瓶子上有原料的图案，既能让用户看到，又真正能喝到浓浓的果肉,图片与实物相符。这种最简单的展示产品原材料的方式,很容易让用户心生好感。

在设计iPhone的时候,iPhone的原始结构设计是将玻璃镶嵌到一个铝制的外壳中,但乔布斯说:"我昨晚一夜没睡,我发现我不喜欢这个设计。"设计师意识到乔布斯是对的。他回忆道:"乔布斯的这个发现让我无比尴尬。"然后他们改变了iPhone的结构。

在iPad设计的收尾阶段,又发生了类似的事情。乔布斯在一次看着原型机时,觉得它不够随性和友好,他希望给用户传递的信号是用户可以随意用一只手拿起iPad。所以最后乔布斯决定将iPad的底部设计为圆角,这样用户就可以舒服地拿起iPad而不用小心翼翼地捧在手中,如图12-4所示。

图12-4　iPad外观包装

然而这种想法意味着要把所有的接口和按键集成在向下渐变的一个椭圆形区域内,乔布斯一直等到实现了这一点才发布iPad。

从乔布斯的案例我们可以看出，某种意义上，产品的结构设计与外观包装设计是相关联的，只有这样才能满足用户的需求，从而使产品设计更加人性化，让用户产生好感。设计师要重视这一点。

12.7 产品测试：软件测试与硬件测试相结合

在完成产品的研发后，产品逐渐成型，把产品完整交付给用户之前，我们需要连一个螺丝钉的设计都要考虑周全。但很多产品经理都不是技术出身，也就无法通过查代码的方式判断产品的质量好坏。产品经理如何才能了解并控制好产品质量？那就是产品测试，产品测试有很多方法，其中最为常用的两种是软件测试与硬件测试。

1. 软件测试

软件测试是为了发现程序中的错误，最终改善产品。它帮助识别产品开发完成的软件的正确度、完全度和质量。

软件测试包括验证和确认内容。

验证保证软件能够实现一些特定功能，保证软件做了所期望的事情；确认是一系列活动和过程，目的是证实在既定的外部环境中软件的逻辑正确性，保证软件以正确的方式来做一件事。

软件测试不仅是程序测试，还包括整个软件开发期间各个阶段所产生的文档，如需求规格说明、概要设计、详细设计等。

从不同的角度出发，软件测试有不同的分类。

（1）从测试方法划分。黑盒测试、白盒测试、灰盒测试、静态测试、动态测试、手工测试、自动化测试。

（2）从测试阶段划分。软件测试分为需求测试、单元测试、集成测试、系统测试、验收测试。

其中，在软件测试过程中常用的方式是黑盒测试，黑盒测试也叫功能测试，是将被测试对象当作黑盒子，不考虑其内部程序结构与处理过程，仅测试程序接口，检查适当的输入能否带来适当的输出，输入相当于需求和设计，输出相当于产品的测试。

软件测试在企业中担当的是"质量管理"角色，及时纠错及时更正，是产品正常运作的保证。

2. 硬件测试

硬件测试主要是指硬件产品的测试工作，目的是保证测试质量及测试工作的顺利进行，改进、制定硬件测试技术和规范，是硬件质量的把关者。

硬件测试的内容包括以下几点。

（1）测试企业研发的产品的功能、性能和应用，检测其是否达到设定好的要求。

（2）根据要求进行测试需求分析。

（3）反馈缺陷和问题，撰写测试报告。

（4）搭建测试环境，维护测试设备、测试软件配置和版本控制。

（5）参与产品的改进与生产制造，与研发团队有效沟通产品的测试和品质等问题。

对企业来说，把握好产品的质量是该产品的市场竞争力最为重要的部分，硬件测试就是站在用户的角度，对产品的功能、性能、可靠性、兼容性、稳定性等进行严格的检查，提前体验用户的使用感受，并找到问题所在，不断改善，以提高产品的市场竞争力。

硬件测试是产品研发走向生产的必经阶段，决定着产品质量的优劣。更为全面、仔细、专业地开展测试工作，是众多企业所追求的目标。

企业在进行测试时，要将软件测试与硬件测试相结合，完善产品的各方面，提高产品的竞争力与提升使用体验度。

12.8 生产安全：完善日常安全管理

产品测试结束后，产品本身已经处于一个相对优化的状态，这个时候就要投入大批量生产，以满足市场的需求。

在这一环节，有一个非常重要的前提，那就是生产安全。那么，企业怎样才能做好日常安全管理工作？

1. 加强对安全生产工作的领导

要搞好安全生产工作，必须加强对安全生产工作的领导，始终把安全生产放在重要位置，完善安全生产的保证体系和监督体系。

企业要定期召开安全会议，将安全意识传达给每一位生产员工。除此之外，企业还要加强日常痕迹化管理工作，记录好员工是否按照岗位职责的要求进行工作，比如交接班记录、设备点检、运行与检修记录等。另外，企业要定期开展隐患排查与治理工作，包括员工的不安全行为、设备设施的不安全状态以及管理上的缺陷等，尽早消灭安全问题。

2. 建立健全安全生产管理制度，规范安全措施

"没有规矩，不成方圆"，没有合理、规范的管理制度，没有统一标准的生产要求，就无法做好安全生产的日常管理。企业要建立完善、细化的安全管理制度，制定具体的实施办法。

3. 进行安全生产的宣传与教育，提升员工安全意识

安全生产与员工的日常工作紧密相关，因此，企业要想做好安全生产工作，就一定要紧抓安全宣传与教育，提高员工的自我保护能

力。安全生产的教育一般由思想、法规和安全技术三方面内容共同构成。

（1）思想是指正面宣传安全生产的重要性，企业可以选取一些典型事故进行分析教育。

（2）法规是带领员工学习上级下达的有关文件、条例或本企业的具体规定、制度等。

（3）安全技术包括生产技术、一般安全技术和专业安全技术。

4. 安全生产的日常管理工作重在监督到位

企业要安排专门的人员或部门作为安全工作的监察工作者，根据企业生产不断发展的需求，及时发现并消除隐患，及时纠正和查处违章，实现安全生产监督由事后转向事前监督、过程监督。

安全生产，人人有责。安全生产的管理是一个系统性、长期性的工作。如果能严格按照安全管理体系的要求来指导企业的日常安全生产管理工作，工作思路会不断清晰、明确。

12.9 产品更新迭代：围绕用户本身及需求

我们都知道，产品越来越好，是因为企业的产品经理和技术团队在不停地进行产品的更新迭代，不断完善产品。那么产品是怎样进行迭代的？

功能上的增删改只是最表面的，是产品更新迭代的方法，更新迭代的实质是围绕用户体验进行产品升级。

一个刚出现的产品，与真正的好产品还存在一定的差距。虽然在产品面世之前，很多企业都经过多次调研，满足了用户的需求。但实际上，真实的用户需求是在用户使用产品的过程中不断被发现和满足的，用户总会有新的需求。

也正是因为用户需求的变化，产品才要不断更新。这时我们要明白一个问题：更新迭代应从用户的角度出发，具体可以从用户本身和用户需求两个方面来分析。

对产品而言，用户是分层的。我们可以把用户分为种子用户、主流用户、普通用户三大类。

我们可能会通过问卷调查、客户反馈、客户访谈等渠道来获得这三类用户的需求，这个时候，我们所掌握的需求是非常多的，现在要考虑的是满足哪类用户的需求。

用户类型的选择要结合产品所处的阶段，如果产品处于成长阶段，产品的目标是获取新用户。在这一目标下，种子用户的价值才是最大的，因此要优先满足种子用户的需求，企业可以不断推出产品新功能。

如果产品已经发展到一定程度，具有了一定的用户规模，此时产品的目标是提高用户留存率和活跃度。这个时候，要优先满足主流用户的需求，具体操作如提升产品功能、优化用户体验等。

在确定了优先满足哪类用户需求后，我们还需要进一步确定需求的优先级。因为企业的资源不一定能支撑我们同时更新多个需求。

那怎样确定用户需求的优先级？首先要进行用户需求分级。用户需求分为三个等级，如图12-5所示。

图12-5　用户需求的三个等级

其中满足用户基本使用的是普通需求；满足用户希望产品实现的是期望需求；用户没想到的，产品带给用户的惊喜是魅力需求。

企业在进行产品的更新迭代时，优先实现的需求一定是强化产品核心流程，最大限度提升产品核心竞争力；其次要优先满足的需求一定和商业目标相契合，保证产品的可持续发展；再次要实现的需求是企业资源的最优分配。

微信就是从最初的通信工具，更新到社交工具，再到社交平台，最后成了目前的综合性平台，这一个过程就是产品的更新迭代。

产品的更新迭代是一场残酷的竞争，对产品人员来说，要时刻牢记以用户为中心，满足用户的需求。

第13章

营销流程设计与实战技巧

营销,贯穿于企业经营的全过程,可以在很大程度上决定企业的生存和效益。所以对于管理者来说,掌握营销流程的设计十分必要。本章就通过产品、数据、裂变等方面对此进行详细说明。

13.1 产品定位:精耕垂直领域,宣传独特卖点

营销流程的第一个环节就是产品定位,如果产品定位不精准,很可能会输在起跑线上。因此,企业必须精耕垂直领域,为营销部门创造更加独特的卖点。

营销部门需要借助产品定位5步法来更好地在垂直领域精耕产品,从而更有效地宣传和推广产品的卖点。产品定位5步法的具体内容如图13-1所示。

目标市场定位

营销组合定位　　　　产品需求定位

产品测试定位　　　　差异化价值点定位

图13-1 产品定位5步法

目标市场定位的核心是要明白产品为谁服务。互联网时代，营销市场日益分化，任何企业的任何一种产品都不能够满足所有人的需求。所以，必须选定一个合适的目标群体，根据他们的消费喜好进行精准的营销。

蘑菇街在目标市场定位方面就做得十分出色，其团队针对女性追求物美价廉的消费心理，特意制定了一系列的满减活动。另外，蘑菇街主要都是一些物超所值的女性产品，这大大节省了女性到线下店面进行选购的时间。由此，蘑菇街才能够顺势崛起。

产品需求定位是指人们在购买产品时总是趋向于自我的需求。在生活中，不同的人对产品有着不同的需求。所以，企业必须对用户的需求进行调研，并在此基础上生产特定的产品，这样才能够拓宽产品的销路，获得更加丰厚的效益。

差异化价值点定位来源于USP（独特的卖点）理论，即产品如果要想销售得好，必须有独特的卖点。王老吉与香飘飘在定位方面做得极其出色，值得学习和借鉴。

王老吉以"怕上火，喝王老吉"这一广告词席卷全国，那些经常上火的人都愿意喝王老吉；香飘飘以一句"小饿小困，喝点香飘飘"的广告词，受到了都市白领和学生族的欢迎，因为它可以缓解工作和学习过程中经常会出现的小饿小困现象。

产品测试定位主要是进行产品的实验与改进，所以产品在成功研发后，不要立即全面发行，而是需要经过多次的实验，一旦出现问题，必须第一时间改进。

首先，产品需要在目标群体中展示，因为这些人对产品的性能以及优缺点往往会有更加深入的判断。

例如，大多数游戏在问世之前都会公布内测服，在内测服中，企业可以利用大数据技术了解人们对游戏的综合评价，发现系统存在的重大Bug，然后进行相应的整改。

当然，如果参与内测服的人都不太喜欢某款游戏，那企业就会放弃这款游戏，转投其他游戏。这样既节约了时间成本，也为开发其他游戏提供了机会成本。

营销组合定位与美国营销专家杰瑞·麦卡锡提出的4P理论有关。因为从本质上讲，4P理论就是一种营销组合，强调产品（Product）、价格（Price）、渠道(Place)、促销（Promotion）对营销效果的影响。

产品定位5步法能够帮助企业打造出更加优秀的产品，营销部门也能够根据定位，通过适合的营销策略来推广和宣传产品的卖点。这样可以使营销部门赢在起跑线，并在之后的流程与工作中做到游刃有余，推动企业的进步。

13.2 营销准备：全面掌控客户需求

实现成功营销的第二个环节是营销准备，即全面掌控客户需求。现代营销学之父菲利普·科特勒认为："营销就是在满足需求的同时创造利润。"简言之，营销就是发现需求，满足需求，最终获得效益的过程。

为了在满足需求的同时实现产品的价值，负责营销的员工必须先洞察、挖掘需求，然后根据实际情况营销相对应的产品。在这一过程中，消费需求的三个层次非常关键，具体如图13-2所示。

图13-2 消费需求的三个层次

"所想"是营销需要解决的第一个难题,以掌握大多数人动态消费的基本欲望为核心。这里所说的基本欲望有三个特点:丰富性、漂移性、背离性。

丰富性是指人们的消费意识与容纳产品价值点的空间越来越大;漂移性是指人们的所想不像之前那样固守在某一个单独的需求上;背离性是指人们的消费欲望可能不会直接引发实际消费行为。

"所要"即人们因需求而想要获得某个产品或服务,这种需求可以分为明显、半显半隐以及模糊三种程度。很多时候,人们会在"所要"的驱使下为自己的真正需求制定标准,筛选产品。

亚马逊为什么能在网上书店领域快速崛起,成为巨头?这是因为它真正找到了人们的"想要",也缔造了符合人们"所要"的标准,以清晰、准确的细致化来推动实际消费行为的产生。

亚马逊了解到大多数人在购书时想要的不只是简单的交易流程,以及基本的售买关系,而是还需要如分门别类、快速查询、精准推荐、新书介绍等服务。有了这些服务,人们只需找到能够提供上门送书的书店即可。

人们的"所要"就是整个需求的核心,企业一旦掌握了这个核心,就能深入了解人们的想法和喜好,最终找到提升产品或服务价值的关键点。

"所用"主要指的是实际使用。在后消费时代,人们关注的范围不断扩展，以前可能只关注产品的用途和功能，现在还会关注运输、深度体验、使用、分享、改善、处置等方面。

亚马逊正是因为扩展和延伸了网上购书的功能，才逐渐超越同行，让人们在购书的同时可以对这本书进行分享。这样的做法不仅让人们可以随意发表对书的意见和心得，还可以让人们感受到不一样的消费体验。

单纯满足消费需求的某一个层次，或对两个层次进行简单组合，已经无法真正了解人们的需求，也无法实现产品的驱动效应。因此，在营销的时候，企业一定要将这三个层次完美整合，以全面掌握、挖掘需求，做好营销准备。

13.3 打通数据：线上线下联动，搞活SEO优化

实现成功营销的第三个环节是通过打通数据，实现线上与线下的联动，灵活地进行SEO优化。首先来说要做好线上与线下的联动这项工作，应该将线上的数据保存下来，再利用线下清晰的方针思想，让目标群体更加明朗化。

通过线上的数据，企业可以知道目标群体主要集中在哪里、他们的消费习惯如何，以及他们喜好什么类型的产品等。然后这些数据就可以应用到线下，并促使营销策略变得更加精准。

除了线上与线下的联动，SEO优化也非常重要。SEO优化就是搜索引擎优化，目的是利用搜索引擎的规则来提高企业在线上的搜索排名。此外，SEO优化还可以增加特定关键字的曝光率，为企业创造营销的便利条件。

SEO优化以搜索引擎营销为指导思想，贯穿于网站策划、建设、

维护的全过程。SEO优化包括很多完整性服务，例如，良好的访问速度、简洁大方的网页模板、便捷的沟通平台、优质的产品展示版面、其他文字综合（标题、关键词、长尾词、内容明确性描述）以及有实质内容的软文撰写等。

现在，无论是线上与线下的联动，还是SEO优化，都已经成为一种趋势。所以，企业应该根据行业的特征，直接瞄准线上和线下的契合点，然后在原有资源的基础上逐渐过渡到线上，保持SEO优化搞活，从而开创更多的营销机会。

13.4 营销裂变：借裂变漏斗做裂变优化

当"裂变"一词与营销结合在一起之后，营销的威力就开始不断上升。由于裂变式营销具有成本低、效果持久迅速、影响力大等优势，很多企业都对其趋之若鹜。裂变式营销往往需要遵循特定的流程，而如果把这个流程图形化，则可以形成一个从上到下的漏斗状，具体如图13-3所示。

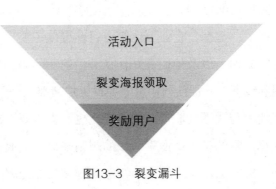

图13-3 裂变漏斗

使用裂变漏斗时，要注意裂变的连贯性，也就是说，从用户进入活动到完成分享的这个流程必须连贯。如果不连贯，裂变漏斗就会变窄，进而影响裂变的效果。于是，为了保证裂变的连贯性，企业需要按照以下方法对其进行细致的梳理。

（1）拓宽裂变漏斗。从上到下，细致地梳理裂变漏斗的每一层，然后以现有的预算为基础，把每一层适当拓宽。因为很多时候，裂变漏斗的层越宽，裂变的效果就越好。

（2）提升连贯性。企业要认真梳理从活动入口到用户完成分享的每一个环节，检查其中是否存在影响连贯性的点。例如，某些活动有一个环节是填写身份信息，这个环节就会影响连贯性。

（3）优化流程。找到影响连贯性的点以后，企业还要谨慎评估，考虑是否可以删除这个点。如果不能删除，那就可以把这个点放到用户完成分享后的环节中。

用户完成分享是裂变漏斗中最重要的一层，也是最后一层。只要用户把企业的产品分享出去，那后续再让用户分享其他的产品，即便用户不做，也不会影响裂变效果。

薄荷阅读之前组织过一个100天读完3本英文原版书的活动，主要是通过打卡的方式让用户不断分享。没过多久，这个活动就在朋友圈掀起了一场热潮，薄荷阅读也获得了高达5000万元的利润

借助裂变漏斗对裂变进行优化，是营销流程设计中的一个关键点。把握住这个关键点以后，不仅可以让裂变产生实际效果，还可以让裂变的环节更加连贯。

13.5 故事营销:用真情实感打动客户

相比于直白的广告,故事要更加具有情感和吸引力,而且大多数人在听故事的时候不会有强烈的抵触。所以对于企业来说,借助一个优秀的故事进行营销非常重要,取得的效果也会非比寻常。

案例

方太厨具做过一个名为《油烟情书》的广告,这个广告就嵌入了故事,极富煽情效果,能够让人潸然泪下,感受到生活中被逐渐忽略的真情。

《油烟情书》的故事以女主给男主写过的1872封情书为环境背景,以食物为线索来还原他们的一生情缘。其中的一封情书这样写道:"当有人为你亲手下厨做饭时,厨房里升腾起的油烟,那是对方为你付出的一种爱的印记。这不只是一封爱的情书,也是走完一生的承诺。食物放在任何年代,当成助攻爱情的东西都不过时。而在车马邮件都慢的年代,一封封情书就是爱情最好的见证。"

这一封情书就打破常规,用逆向思维来论证油烟是男女主二人浪漫生活的共同见证。通过这样的方式,可以让经历过柴米油盐的夫妻热泪盈眶,能够在最大程度上引起他们内心的共鸣。

当丈夫看到《油烟情书》以后,会立刻联想到自己的妻子为了整个家"吸收"了多少的油烟,所以很可能会行动起来为妻子买一台方太厨具。

《油烟情书》涉及的时间范围很广。它记录了一对恋人从相遇相恋到结婚生子的各个阶段。相遇阶段的内容是:"两个人相遇,就像两种食材,从天南海北,来到了一口锅里。"这样的话语既接地气,又很生动形象,与"不是一家人、不进一家门"的俚语完美契合。

相恋阶段的内容是："想你的时候，就做个你爱吃的菜。思念和油烟，也说不清哪个更浓。"这样的话语直接点明爱情的甜蜜，能够引起夫妻共同的情感回忆。

而结婚阶段这样写："你说：结婚吧，要是我还敢吃你做的菜。就这样，我们过起了柴米油盐的日子。锅碗瓢盆里，装满了苦辣酸甜。"一句古朴的话语点明了居家过日子的酸甜苦辣，道尽了生活的艰难以及艰难中蕴含的幸福。这样的话语能够让夫妻做到相濡以沫、勿忘心安。赋予他们一种安静的力量。

生过孩子以后的内容变得更加细腻："后来，我们俩变成了我们仨。我就再也没有和你吵过架，一对二，我赢不了的。"这种生活化、幽默的语言能够让男士瞬间感动落泪，同时也能够让他瞬时破涕为笑。为什么男人不敢吵架，因为如果是女儿，男人就该更加呵护她们母女。如果是儿子，父子就应该共同保护自己所爱之人。这样的《油烟情书》怎会不道出生活中的细微感动，怎会不引起男性心中的情感共鸣呢？

如果站在品牌的角度来欣赏《油烟情书》，它仍然延续方太一直推崇的东方所特有的克制和留白语境。它不追求不讲实际的浪漫，而是用故事把人们拉回人间，拉到泥土，让他们感受柴米油盐中的那种烟火爱情。这样的广告自然会深深地扎根在人们的心中，人们也都愿意选择方太抽油烟机。

"讲故事"其实是一个沟通、说服的过程，负责营销的员工除了要把故事构思好，还要掌握沟通技巧，尽量把故事讲好，这样才有利于营销效果的最大化。

13.6 场景营销：场景是营销磁场

移动互联网将人们的时间变得碎片化，为了利用好这些碎片化时间，见缝插针式的场景营销越来越受企业的欢迎。那么，企业应该如何实现场景营销？首先要掌握四大环节：场景定向、用户定向、行为定向以及媒体和内容策略。

场景定向是场景营销的基础，用户定向能帮助企业精准锁定用户，行为定向是利用数据分析用户的行为，媒体和内容策略是借助媒体宣传与产品相关的优质内容。这四大环节互相联系，构成场景营销的完美闭环。

常见的场景定向包括时间、用户属性、节日气氛、用户环境等方面。美团外卖APP的风格就十分贴合用户需求场景，可以为用户带来完美的使用体验。

如果用户早上打开美团外卖APP，首页的内容全部都是早餐，到了中午就换成了午餐，午后三四点就会变成下午茶，具体如图13-4所示。正是因为这些贴合每个时间段的用户需求场景，用户才更容易在美团外卖APP下单购买。

场景定向能潜移默化地影响用户的认知，挖掘用户的潜在需求，最终引发用户的好奇和消费。因此，场景营销中一定要有明确的场景定向。

除了场景定向以外，企业还应该做好用户定向，即充分了解用户，通过数据分析不断修正用户画像。在这一过程中，针对用户的数据分析十分重要，具体应该怎么做？

图13-4 美团外卖APP的早、中推送

1. 采集用户特征

统计和整合用户的基本信息，构建基本的用户特征；分析用户的行为，找到用户的关注点；抽象分析用户喜好，设计用户画像。

2. 根据用户画像进行营销

根据用户画像，企业才能精准地介绍产品，达到营销的目的。例如，在向学生介绍产品的时候，就应该紧扣"小众""价格低""有设计感"等字眼。

做好用户定向能保证企业精准链接用户，减少商业推广的资金，节省用户了解产品的时间。

行为定向需要通过追踪、分析用户的浏览、消费等行为数据，来实现个性化营销。很多企业为了进一步加强营销的回报率，都会把行为定向看作是一个必不可少的环节。

企业在深入挖掘用户的行为数据之后，产品推荐会更加具有针对性。这种针对性不仅可以增加用户的购买欲望，还能在恰当时机满足用户的需求，提高用户对产品的好感。

完成了前三个环节之后，企业还需要借助媒体宣传自己的优质内容。在当下这个互联网如此发达的时代，场景的灵活运用刚好能将创意和灵感组合起来，向用户输出优质内容，实现高效的场景营销，上文提到的方太厨具《油烟情书》就是一个优秀案例。

13.7 品牌营销：品牌扩散与价值制胜

简而言之，品牌营销就是以品牌输出为核心的营销模式。现在，各类企业都在努力将自己的品牌融入用户的生活里，但成功的其实寥寥无几。那么，企业到底应该如何做品牌营销？一共有两个关键点，一是品牌扩散，二是价值制胜。

其中，品牌扩散的重点是通过宣传和推广，提高品牌的知名度以及影响力，这里需要注意以下两个方面。

1. 第一印象很重要

由于产品同质化现象的日趋严重，企业现在要想把品牌传递出去，就必须了解用户的偏好和更深层的需求。此外，当找到用户与品牌可能的接触点之后，企业要根据这些接触点设计信息，并选择恰当的时机传播给最合适的用户，以此来强化用户对品牌的第一印象。

2. 品牌信任

在企业中，负责营销的员工需要学会换位思考，然后以用户的身份贯穿整个营销环节，这样才能更加准确地贴近用户，提高用户对品牌的信任程度。

价值制胜的前提是产品要为用户提供利益，例如，六个核桃有助于补脑、士力架可以解饿等。这些利益作为品牌独有的价值，与品牌的个性、口号、定位一起形成了差异点。

现在的故宫可谓是名副其实的火,而这一现象的出现与广告、公关、KOL(Key Opinion Leader关键意见领袖)等有非常密切的关系。

2018年,北京国贸地铁站展出了总长135米的"故宫雪景长卷图",在静态画面的基础上,互动屏借由滑轨呈现故宫雪景与头条频道的内容,如图13-5所示。

图13-5 "故宫雪景长卷图"

除了一些活动以外,故宫的推广也受惠于前院长单霁翔。从营销的角度看,单霁翔俨然已经是新闻资讯内容中一个大流量IP,而且还因为保护文物"屡屡得逞"、一上任花费整整五个月走遍故宫9000多个房间等事件变身为"段子手"。可以说,现在的单霁翔不仅是故宫的品牌代表,还是一个独具话题性和正能量的KOL。

2018年12月推出的故宫彩妆一经面世就售罄,足以体现故宫在品牌营销上的成功。故宫通过对自身价值的打造进行营销,又凭借国家瑰宝的身份让人们感受到与众不同,最终成为一个非常受欢迎和认可的"大品牌"。

对于企业而言,只有具备了知名度才能更好地进行扩散,弘扬自己独特的价值,从而为营销创造更加稳固的立足点。企业必须将自己打造成品牌,因为品牌是质量的保证,是决定用户是否购买的重要因素,是用户心里挥之不去的印记。

13.8 跨界营销:借VR实现科技跨界

当VR(虚拟现实)从小众走向大众时,这项技术会渗透到很多行业当中;而当VR遇到营销时,这项技术又会以超强的虚拟体验冲击着用户的中枢神经。很明显,VR正在势如破竹地改写着营销模式,具体可以从以下三个方面进行说明。

1. 提供诱人的"虚拟试用",带来即时消费冲动

营销的本质是刺激用户的购买行为,但很多营销手段还不能实现这一点。如果能够借助VR营造虚拟体验,例如,向用户解释一些比较复杂的技术,直接远程参观产品的产地、生产线等,就能更有效地说服用户,进而促成交易。

亿滋国际利用VR为新进入中国市场的品牌妙卡打造了一个名为《失物招领》的暖心广告。该广告以虚拟的小镇阿尔卑斯Lilaberg为背景,致力于为观看的人创造舒适的感觉。所以观看结束以后,人们能够铭记这个广告,也愿意为里面的产品消费。

2. 改变购物体验

VR正从各个视角为用户提供前所未有、近乎真实的购物体验。在早之前,阿里巴巴成立的VR实验室发布了一项"Buy+"计划,该计划是通过VR来搭建异地购物场景,从而帮助用户实现足不出户买遍世界的愿望。

使用"Buy+"以后,即使用户身在国内某个城市的家中,只要戴上VR眼镜,进入VR版淘宝,就可以随意选择购物地点(例如纽约第

五大道、英国复古集市等），感受身临其境般的购物。

目前，线上购物的退货率在30%左右，服装更是占了其中的7成，色差、尺码不合适等问题困扰着买卖双方，而VR购物就可以解决这些痛点。

通过对产品的3D渲染，VR能最大限度地将真实情况呈现给用户，方便用户在短时间内更直观地搜索查看所需产品，这可以极大提升用户的消费体验。

例如我们在选购服装的时候可以通过VR眼镜进行色彩的比较，这样就不会因为色差大而产生退货行为；还可以通过VR眼镜直接观看到上身效果，判断尺码是否合适。

3. 实时数据收集，据此改善营销状况

现在，使用VR购物的用户越来越多，借助如此巨大的用户群体，企业可以及时收集并分析相关数据，然后快速调整营销策略。例如，假设一项VR营销项目的效果并不理想，那么企业就可以根据反馈回来的数据，快速制定新的方案，以迎合用户的实际需求。

VR的出现让营销有了无限可能性，一个全新的营销体系正在被建立。可以预见的是，任何领域的企业，都可以找到适合自己的形式进行VR营销，实现真正的技术跨界。

第14章

用户管理流程设计

用户是企业利润的源泉,"让用户满意"成为企业必备的经营哲学,以用户为中心的营销模式正在得到广泛的认同。既然用户如此重要,那用户管理流程设计自然是企业必须要做好的工作。

总的来说,用户管理流程包括用户画像、响应、沟通、售后、回访、转化等与市场相关的多个方面。而这几个方面又可以分解成很多小的细节,把企业和用户联系在一起。

14.1 用户画像管理:数据建模与会员管理系统

无论是提供产品还是服务,为用户画像都是一个非常重要的环节,一个准确和完整的用户画像是许多企业赖以生存的法宝。而对于用户画像来说,数据建模和会员管理系统是两大关键部分。

先来说数据建模,企业应该如何根据用户行为完成数据建模?首先构建一个事件模型,包括时间、地点、人物三个要素。每一次的用户行为本质上都是一次随机事件,包括什么用户,什么时间,什么地点,做了什么事。

1. 什么用户

关键在于用户标识、区分用户、单点定位。用户标识说明具体如表14-1所示。

表14-1 用户标识说明

用户标识方式	效果	备注（局限性）
Cookie	互联网使用最为广泛的方式，能够标识匿名、未注册用户	通常有一定的有效期，不易跨浏览器、设备
注册ID	各家网站的用户标识，最常见的互联网会员管理方式	用户注册意愿越来越低，需要投入大量推广运营成本
Email	互联网早期较为常用的用户标识方式。目前依然有一定的占有率	一人有多个email很常见。因此标识会损失些准确性
微博、微信、QQ	当下业内共识的第三方登录ID，提供OAuth授权机制	标识准确性、持久性上是个较好的折中方案
手机号	移动端最精准的标识	较难获取到，视产品激励用户填写意愿
身份证	最官方的标识	难获取到，视产品激励用户填写意愿

以上这些用户标识的方法都可供企业使用，但具体使用哪一个还需要由用户的黏性来决定。另外还需要注意的是，不同的方法，获取的信息也有所不同。

2. 什么时间

这里包括两个重要信息：时间戳、时间长度。时间戳是为了标识用户行为的时间点，通常精确到秒即可；时间长度是为了标识用户在某一页面的停留时间。

3. 什么地点

用户接触点，包含了网址与内容两层信息。网址：每一个url会链接一个网址，或者某个产品的特定页面。例如，电脑上某电商网站页面的url、手机上的微博、微信等应用的某个功能页面。内容：每个网址中的内容，例如，产品的相关信息，如类别、品牌、描述、属性等。

用户在京东商城浏览红酒信息，与在品尚红酒官网浏览红酒信息，通常会表现出对红酒的不同喜好程度。这也就意味着，不同的网址存在权重差异，权重模型需要根据各自的业务需求构建。

4. 做了什么事

用户行为类型，以电商为例，有以下典型行为：浏览、添加购物车、搜索、购买、收藏等。不同行为类型产生的标签信息具有不同的权重。

综上分析，用户画像的数据模型有一个具体的公式：用户标识+时间+行为类型+接触点（网址+内容），即用户在什么时间、什么地点、做了什么事。

当用户标签的权重因时间变化而逐渐衰减时，将时间定义为衰减因子r，行为类型、网址决定权重，内容决定标签，公式为：标签权重=衰减因子×行为权重×网址权重。

对很多企业来说，所有在数据建模和用户画像方面的投入，根本目的还是提升业务。用户画像所输出的所有标签都需要通过某种渠道才能抵达用户。

再来说会员管理系统，企业通常会借助会员管理系统记录一些比较重要的信息。会员无论是通过线上小程序、商城购买产品，还是通过线下购买产品，会员管理系统都会把相关的数据收集起来，并自动生成图表。

这样一来，企业就可以掌握这些数据，然后根据这些数据，再结合自身的实际情况去分析消费背后的偏好，最终实现实时快速的会员管理，打造良好的会员关系。

14.2 用户响应管理：以产品识别为重心

用户响应是指加强和规范企业前端部门和后端部门之间的互相协作，从而加快对用户的响应。要做好这项工作，离不开产品识别，那么，什么是产品识别？如图14-1所示。

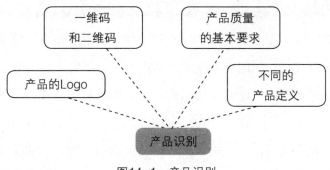

图14-1 产品识别

简单来说，每一家企业做了产品后，都会有一个专属于产品的Logo，通过这个Logo，能让用户在第一时间认识产品。传统的一维码和二维码也都属于产品识别的范围。另外，产品质量的基本要求，例如ISO 9000这种体系，也是对产品的一种识别，其实质是用产品质量定义产品。

产品最终都要流通，有时还可能会跨界，产品每流通到一个国家，这个国家就会给产品一个新的定义，根据产品的流通环节考虑税收等相关问题，也是产品识别的一部分。

以上这些都是产品识别所涵盖的内容，产品识别其实就是识别产品及其相关属性。而产品的属性与其类别、质量、产地、规格、商标、外观设计等密切相关。

通过产品识别，企业能更好地对产品进行分类，也能为用户提供更加优质的服务,及时响应用户的需求。借助产品上的识别标志,企业能实时跟踪产品的销售、库存以及使用情况,以便在第一时间为用户解决问题。

14.3 用户沟通管理:完善用户关系管理体系

用户沟通管理是用户管理流程中的一个重要环节,这个环节以加强联系为核心,利用相关技术,实现市场、销售、服务等活动的自动化,并建立用户信息的收集、管理、分析、利用系统,帮助企业实现与用户的近距离接触。

一般情况下,为了最大限度满足用户的需求,企业希望和每个用户都建立联系,对他们进行深入了解。通过建立用户关系管理体系,并在此基础上实施"一对一"的个性化服务,能够以较高的效率完成这项工作。

另外,用户关系管理体系还可以加强企业与用户之间的互动,帮助企业采集用户的反馈意见,解决用户遇到的问题,最终与用户建立良好的关系,产生更多的销售机会,提升盈利指数。

那么,企业应该如何建立并完善用户关系管理体系?需要从以下两个方面着手。

(1)重视基层部门、员工与用户的有效沟通,也要重视与用户的战略沟通。由于受到主观或客观因素的影响,企业与用户之间容易出现承诺和期望不一致、沟通效果差等问题,因此企业要在认真分析的基础上,制定争端协调机制,协调分歧或出现的问题,从而实现沟通的有效性。

(2)企业应该通过已经掌握的数据,分析用户的地域特征与消费习惯，以便更好地满足需求。同时，企业可以统计用户提出的建议与意见，在此基础上发展用户化运行机制。

> **案例**
>
> 在用户沟通管理方面，小米建立了名为米柚的论坛，这是一个用户的重要集结阵地。有了米柚之后，用户只要有任何想法或者意见都能够在上面发表。
>
> 如果某一位用户的建议非常合理，那么其他用户就会把这个建议顶起来，让小米的工程师或者管理者能够优先看到。而如果用户的创意不靠谱，那么这个创意也会马上被其他用户覆盖。在言论优胜劣汰的进程中，用户的话语能够以最快的速度得到回应。
>
> 另外，用户最重视沟通和交流本身，当自己的意见被聆听时，他会享受到被尊重的感觉，如果意见不被完全采纳，只要有众多的用户为此进行交流，这位用户也会感到一种自由感。
>
> 米柚的建立不仅对用户沟通有好处，对于小米的设计人员也有莫大的效果。米柚每天会自发产生20多万条帖子，所以小米设置了专门的运营人员归纳处理这些帖子，他们会从中分门别类地提取出最有价值的200个。
>
> 凡是被提取出来的帖子，后面都会有跟踪信息，例如，哪一名工程师正在处理这个帖子、帖子是否被采纳，如果被采纳，什么时候能够改好等。

在用户关系管理体系的助力下，企业可以减少决策所需的时间和精力，也可以消除与用户沟通时的不确定性，同时还可以让用户充分了解企业的实际情况，改善整个购物体验。

14.4 用户售后管理：各部门注重售后配合

随着产品的同质化及竞争的加剧，售后已经成为企业保持或扩大市场份额的关键，凡是优秀企业都会有一套独立且完善的售后体系，如海尔、阿里巴巴、京东、大众等。

对用户而言，企业是否有完备的售后体系非常重要，毕竟再好的产品，都有可能出现问题。因此，企业必须坚持以用户为中心，全力做好用户售后管理，维护自身的形象和口碑。

要做好售后管理，企业必须组建一个能满足用户需求的队伍，同时还应该确保这支队伍能够高效运作，为用户提供及时、高效、专业、快捷的全程式服务。

除此以外，企业各部门之间也要紧密配合，当用户有售后需要的时候，任何员工都要具备为用户解决问题的意识与能力，使用户的反馈能够快速得到解决。

一般情况下，直接负责售后的部门是服务部门，当用户提出售后的要求，或对产品投诉以后，服务部门首先要对用户的反馈进行判定，指导用户试着自己排除故障，必要时再安排相应的员工进行上门服务，以解决问题。

案例

2019年6月，一位别克凯越的车主投诉自己的汽车在保养后出现了问题，具体情况是这样的：在行驶的过程中，汽车的引擎盖突然冒起白烟，于是车主就找到经销商再次检查，发现是因为上次保养时工作人员大意在引擎盖内落下了一条白色抹布。

虽然这辆汽车上没有行车记录仪，车主也没有拍下视频，抹布已经被扔掉，但经销商的服务总监表示："哪怕没办法核实当时的真正情况,也要尽量为车主处理。"最后因为经销商的优质售后,该事件得以解决。

经销商并没有因为事情影响不大就选择置之不理,而是严格按照别克的规定(见图14-2),进行高效处理,做好自己该做的事情,真正服务到细节。

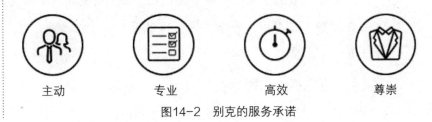

图14-2　别克的服务承诺

由此可见,热情、真诚地为用户着想才能使用户满意。所以,企业要以不断完善服务质量为目标,以便利用户为目的,用一切为用户着想的服务来获得用户的认可。

14.5　用户回访管理:提高回访针对性

用户回访是用户管理的重要内容,高效的用户回访能提升用户的满意度,获得用户的认同,还可以创造更高的品牌价值。企业要想把用户回访做到位,必须提高回访的针对性,具体有哪些做法?如图14-3所示。

图14-3　企业提高回访针对性的做法

1. 细分工作

在回访之前,企业要对用户进行细分,具体的细分方法应该由企业根据自身实际情况来决定。例如,根据地域、年龄、职业等对用户进行细分。

案例

上海一家服装企业根据成交量把自己要回访的用户划分为:高效用户、高贡献用户、一般用户与休眠用户。不仅如此,这家企业还开设了电商服务,并针对地域进行了分类,国内按照省份分类,省份按照地区或城市分类。

对于上述企业来说,无论哪一种做法,都大幅度提升了回访的效率和质量,而且还赢得了用户的好感。

2. 客户需求

企业通过细分确定了用户的类别之后,要有针对性地了解用户的需求,最好在用户主动提出意见之前,就对其进行回访,这样更能体现人文关怀,优化形象。

很多企业都制定了定期回访制度,这不仅可以直接了解产品的实际使用效果,还可以了解产品的不足之处,更重要的是可以体现企业的良好服务,维护用户关系。

3. 回访方式

从形式上看,回访可以分为电话回访、邮件回访、社交软件回访以及当面回访;从销售周期上看,回访一共有以下三种方式。

(1)定期回访。这一方式要求企业要合理安排回访的时间,例如,以产品销售完成后的一周、一个月、三个月、六个月为时间段进行定期回访。

（2）售后之后的回访。这个方式可以充分体现企业的专业能力。如果企业在回访时发现了问题，一定要及时解决，将用户的负面认知限定在最小的范围内。

（3）节日回访。这个方式比较容易理解，简单来说，企业可以在一些节日里对用户进行回访，同时送上一些真挚的祝福，以此加深与用户的关系。

无论企业选择哪一种回访方式，都离不开对用户的了解。最后需要注意的是，要想让回访变得高效，并产生实际作用，那就必须要体现针对性。

14.6 用户转化管理：漏斗模型与转化分析

漏斗模型是一套流程式数据分析模型，它能反映用户的行为状态，以及从起点到终点各阶段的转化情况。现在，漏斗模型已经广泛应用于流量监控、产品目标转化等日常数据运营与数据分析的工作中，而且也在提升转化率方面发挥了重大作用。

有了漏斗模型以后，企业可以对各个环节的转化率进行评估，然后再通过与其他数据分析模型的结合进一步分析用户的行为，找到用户流失的原因，以提升以后的活跃度、留存率。

在漏斗模型中，有两个非常重要的环节，一个是科学归因；另一个是属性关联。

科学归因要求每一次转化的节点都应该根据事件对转化的作用而设置。很多企业都希望定义出最佳用户购买路径，然后将全部资源集中于此，但实际上，用户的转化并非想象中那么简单。

在定义用户的转化时，漏斗模型的前后步骤应该具有相同的属性值,例如,浏览iphoneX,并购买同一款iphoneX才能被定义为一次转化。因此,对于漏斗模型而言,属性关联设置是一个不可或缺的重要内容。

理论上来讲,漏斗模型比较适合电商企业使用,因为在进行分析的时候,电商企业需要做的就是监控每个层级上的用户转化,找每个层级的可优化点,如图14-4所示。

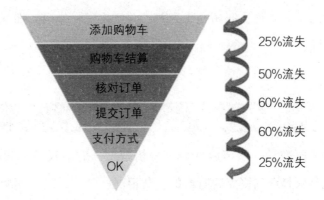

图14-4 电商的漏斗模型

由图14-4可以知道,随着操作步骤的进行,每个层级都会出现用户的流失。也就是说,假设把产品添加购物车的一共有315个用户,那流失到最后可能只有几个用户。

所以,企业要根据每个层级的流失考虑一些问题,例如,是什么阻碍了用户购买,流失的用户去了哪里等,然后再为这些问题制定妥善的解决方案。

通过漏斗模型和用户转化,企业能实现高效的用户转化管理。但是针对那些没有按照流程操作的用户,企业还要专门绘制他们的漏斗模型,以便把工作落实到位。

流程的评估与优化

现在越来越多的企业都在实施流程管理,实现企业的效益和收入等,所以我们要对流程进行评估,以找到流程管理中存在的问题,然后对这些存在的问题进行改进优化,不断地重复这一过程,最终提高工作效率、资源合理配置程度,快速实现管理复制。

15.1 缺少评估＝0竞争力

虽然现在很多企业已经建立了自身的流程管理体系,并完善了关键业务流程,制定了辅助流程执行的配套制度,但实际上,很多企业的流程管理效果还是没有达到理想状态。究其原因就是缺乏对流程的有效评估,未能及时发现问题所在,并及时解决问题。

缺少评估等于零竞争力。现实中导致企业出现经营不善、竞争力差、管理失控等问题的原因有很多,除了流程设计,还有流程执行等原因。进行流程评估的目的有以下几点。

1. 寻找战略问题,检验企业战略是否被执行到位

排除战略本身的问题,企业分解战略目标,并落实到各个部门及岗位、各业务流程,能否达成目标就取决于战略是否被执行到位。结合战略目标完成情况,对战略落实的关键流程运行结果进行评估,就可以找到战略问题,检验战略执行是否到位。

2. 发现流程设计问题，检验其是否完善合理

优秀的流程设计能反映出企业整体运营管理体系的高竞争力，因此，需要经过实际运行与反复评估检验，才能体现出流程设计的回报价值，发现问题，并采取针对性的改善措施，保证流程设计的完善合理。

3. 发现流程执行的问题与阻力，检验其是否受控

流程执行能反映出流程管理的竞争力与价值，是实现流程目标、战略目标的保障。企业通过流程实际运行情况和评估结果，能发现流程执行过程中的主观或客观阻力与问题，并采取针对性的解决措施。

北京一家企业引入了流程管理，两年来投入了大量的人力、财力和时间，为了流程管理能有实际效果，企业总经理夏安甚至还借助专业咨询企业为自己量身打造流程管理体系，希望借此实现企业战略目标，提高企业的管理水平。

流程管理体系实施了一段时间后，夏安发现精心设计的流程管理逐渐处于失控状态，以往竞争力差等问题还是未能解决。夏安非常生气，直接质问企业流程管理的负责人王洋："企业的流程现在运行得怎么样？是按照流程设计来执行吗？为什么两年过去了还是老样子？"王洋觉得很委屈，这两年自己带领着新成立的流程管理团队，建立了覆盖全企业业务范围的流程管理体系，梳理出400余条业务及管理流程，自认为很负责。

王洋明白如果不能改善企业的问题及现状，流程管理也只是摆设而已。因此王洋决定开展调研，他先对企业流程的运行现状进行了深入了解，然后又抽丝剥茧地探寻问题根源，最终发现自

己一直忽略了一个重要的环节：评估。评估环节缺失，导致流程管理过程中的问题未能得到及时解决。

从这个案例我们可以看到，企业的流程管理体系无论多么完善，没有评估或者评估环节的缺失，就会导致企业的运行出现问题，企业就会失去竞争力。

15.2 评估步骤：选择、描述、提炼、评估

为了保证评估的效果，企业的流程评估需要有一定的步骤，大致分为四个阶段：选择、描述、提炼、评估。

1. 选择流程评估对象

企业内存在非常多的流程，比如生产、销售、采购、招聘流程等，但并非所有的流程都可当作评估对象，这需要结合企业业务经营或管理的特点，选取其中的关键流程或流程中的关键环节进行评估。

企业里有哪些流程可当作评估的流程对象？如图15-1所示。

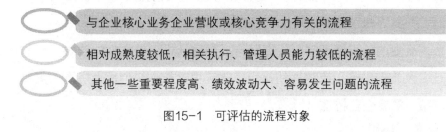

图15-1　可评估的流程对象

选择具有以上特征的流程作为评估对象，一来符合管理的二八法则，二来有利于流程评估工作投入成本及有效产出的控制，把握重点，节约资源，真正为企业解决问题，创造价值。

2. 描述流程评估对象

目前普遍采用的描述选取出的流程评估对象的方法是流程图，通过流程图可以清晰展示流程各个环节的负责岗位。

在描述流程评估对象时要遵循以下几个原则。

（1）描述的根本目的是真实还原流程运行现状。

（2）标明每个流程的环节或活动的执行或负责岗位。

（3）流程描述的内容包括流程的目标与执行范围。

（4）流程工具应简单规范、功能详尽，以便后期修改、管理时便利操作。

3. 提炼评估指标

企业要根据实际的运作情况提炼出相关量化指标，管理者可借此了解流程的目前状态，进一步监控并分析流程的运行状况。提炼流程评估指标时，要遵循以下几个原则：科学性原则、系统优化原则、通用可比原则、实用性原则以及目标导向原则。

4. 评估流程现状

在提炼出流程评估指标后，企业就可以收集相关指标数据，评估流程现状。通过对这些流程指标数据的横向与纵向的比较，企业可以进一步详细分析变化原因，结合流程图深入调查哪一环节出现了问题，并探寻问题根源，提出相应的解决思路。

企业的流程管理需要长期坚持、循序渐进，持续性地改善企业的运营及管理水平。流程评估作为企业流程管理中一个承上启下的重要环节，需要企业持之以恒。

15.3 评估四大维度：设计+执行力+保障+IT系统

前两个小节介绍了流程评估的重要性以及评估步骤，本节将从流程的设计、执行力、保障机制与IT系统四个方面介绍流程评估的四大维度。

设计维度的评估重点是流程设计的完整性、合理性以及规范性，反映流程设计在实际的应用中是否高效，能否找到流程设计的问题并进行改进。

评估流程设计的完整性体现在两方面，如图15-2所示。

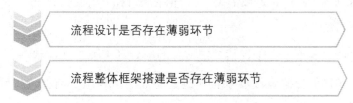

图15-2　流程设计的完整性

以这两方面为评估依据，可以检验流程环节的完整性，加强对流程风险的控制力度，让流程设计更符合企业实际经营情况。

评估流程设计的合理性体现在以下三方面。

（1）流程设计是否为业务策略的导向，体现业务内涵。

（2）流程设计是否易于被执行，是否考虑到执行环境及执行能力。

（3）流程设计中的权责是否对等。

评估流程设计的规范性要求流程设计既要符合行业规定和法律规范，又要符合企业的相关规定，并具备配套的管理制度。

流程执行力维度的评估包括四个层面，如图15-3所示。

图15-3　流程执行力维度评估的四个层面

时间管理的重点是评估流程是否高效周转，并找到关键因素，提高执行效率。

质量管理的重点是评估执行者的认知与执行意愿，提高执行者对流程各个环节、相关管理制度以及价值观的了解与认同。

风险管理的重点是评估流程的协调性，检验跨部门合作是否存在问题，保证企业上下游或各环节间衔接顺畅，并及时处理遇到的问题。

绩效管理的重点在于评估关键流程的绩效是否处于受控状态。

流程评估的保障维度要求企业建立有效的流程组织与保障机制，完善企业流程管理体系，并有效履行其管理职责与辅助职能。IT系统维度具有支撑能力，根据流程的特点与需求建立使用。流程借助IT系统实现自身的固化以及规范化，确保流程的正确执行，提高流程效率。

我们可以参考一些企业的信息化应用的测评方式对这一维度的评估，比如Gartner Group的IT成熟度模型等。这四个维度对企业而言至关重要，每一维度所对应的评估重点各不相同，企业要根据自己的实际情况进行规划。

15.4 流程优化与需求漏斗分析

企业流程管理的生存之本是流程优化，要想实现流程优化，首先要明确流程优化的需求来源，这就涉及对需求的判断与提炼，具体使用的方法是需求漏斗分析，根据流程优化需求的驱动因素的不同，需求分析漏斗将流程优化分为四个层次，如图15-4所示。

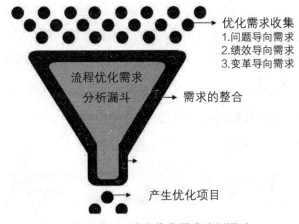

图15-4 流程优化需求分析漏斗

需求分析漏斗的第一层级就是优化需求收集,包括问题导向、绩效导向与变革导向三个方面。企业的流程管理人员要根据这三个具体方向进行流程优化需求的申报工作。

需求分析漏斗的第二层级是进行需求的整合,这一工作在所有的流程优化申报反馈回来后进行。

在整合之前,流程管理人员需要与申报者进行深入沟通,全面了解优化需求,把握核心。整合流程优化需求有很多具体方法,其中以流程导向进行整合效果最佳,即按照流程的分级、分类,重新分解或整合收集到的优化需求,归类到所在的流程中,以便更清楚地看清问题本质。完成需求整合后,接下来的工作是进行流程优化需求的重要度评估。流程管理人员有必要对所有的需求进行重要度分析,根据实际情况把握住重点。

在这一环节结束后就可产生优化项,将零散的优化点分割组装成一个个独立的项目。在这一过程中,要考虑以下几个因素:成熟度、问题的独立性、流程端到端、项目的实施期以及资源满足度。

完成项目化工作后，流程管理人员需要再次与各流程所有者确认需求，讨论项目经理的合适人选、项目的目标、预计完成时间、重要度等重要信息，进一步确保优化方向的正确性与加大支持力度。

通过需求分析漏斗，企业的流程管理人员能准确找到需要进行优化的点，最终实现流程的正向促进作用。

15.5 流程优化"真谛"：重其神轻其形

目前存在的流程优化的具体方法是从项目成功或失败的经验中提炼出来的，既来源于实践又服务于实践，具有很强的实用性及通用性。

因为每一个具体项目都有本身的特性，所要解决问题的性质、严重度、难度、颗粒度、目标、背后的资源支持、企业高层的特定需求等因素都不相同，所以每个流程优化项目并不要求严格按照流程优化的步骤进行，企业的流程管理人员可以根据具体项目特性做到灵活变通。

首先要明确流程优化的每一步方法并非绝对的递进关系。

上海一家互联网企业的流程所有者张力计划优化企业的流程。由于企业规模较小，流程也相对比较简单，问题比较明确，同时张力又是本优化流程的所有者，所以他先完成了简易的《流程优化需求方案》设计工作，然后开始组建项目组召开启动会。

张力的流程优化并没有严格遵照现有的流程方法和步骤，而是根据自己的需要，简化了"现状流程分析及诊断"及"目标流程及配套方案设计"两个环节，流程优化的效果反而更强。

其次，没有一个方法适用于所有的流程优化项目。A企业通过4个综合岗就能完美完成，但B企业需要经过12个部门才能完成，可想而知，在优化此流程时，无论是工作难度、工作量还是工作成效差距都是非常大的。

在进行流程优化之前，企业的流程管理人员需要考虑问题产生背景、目前流程团队的设置、问题背后的需求、企业的计划、企业的预备措施、目前遇到的具体问题等，这些不同因素会导致相同的优化方法带来不同效果。

流程优化方法是一个具有实用性的流程优化方法论。但从整体的角度来看，它仍是一个框架，更强调解决思路的完整性和一般通用的方法及工具。具体到特定的项目，需要企业的流程管理人员在此基础上灵活变通，根据实际情况填充血肉。

15.6 优化端到端流程体系

现代企业大都是分工协作，按照不同的职能分工建立相应的专业团队，通过各专业团队间的相互协作完成具体工作。而一个企业应具备的职能由其自身的战略和商业模式决定。比如，制造型企业必须具备的能力是"生产制造"，因此企业应建立一套"生产管理流程"。企业建立的这些"职能流程"最终会形成一个"职能流程池"。

企业的各专业团队间的协同工作是不同"职能流程"的前后接力，完成某一具体工作的过程被称为"端到端流程"。端到端流程由一个或多个"职能流程"联接而成，体现自"需求发起"至"需求关闭"的完整过程。

目前很多企业认为建立了采购流程、质量流程、财务流程等"职能流程"后，流程体系就已建设完毕。但事实上这仅解决了分工问题，没有打破部门壁垒并实现精益运营的流程管理。只有建立并不断优化"端到端流程"体系，才真正完成了流程管理体系的建设。而要优化"端到端流程"体系，有以下四个关键环节。

1. 梳理需求，找到目的

企业的业务活动通常满足三类人的需求，分别为：市场和客户、利益相关者和监管机构、企业内部人员。每条端到端流程的存在都是为了满足某类人的某个特定需求，否则此端到端流程就没有存在的必要，因此要认真梳理需求，建立有价值的端对端流程。

2. "事件"联接"职能流程"

厘清"需求"后，由"职能流程"联接出一个端到端流程来满足这项"需求"。其中在两个流程之间搭建桥梁的是"事件"，即一个流程的结束事件与另一个流程的开始事件构成直接触发关系，同时成为某一个端到端流程的一部分。

3. 从全局角度进行优化分析

很多企业基于"职能流程"展开的流程优化就是由于没有从全局角度进行分析而导致的。通过对全局流程进行优化，使流程可以实现对战略的完整支撑，进而达到同行业内的先进水平，成为标杆。

4. 设计触发机制

端到端流程的触发机制是什么？以快递业为例，一名快递员在接送件过程中发生意外，快递企业应根据预案马上启动"工伤处理端到端流程"，还应触发"人员调整端到端流程"，安排新人员替代此快递员的工作，以免影响接送件的能力，同时还应触发"异常件处理端到端流程"，将快递件尽快送至客户处。

要想实现上述三个流程，要解决一个关键问题，即如何及时知道

"快递员发生意外"这个事件。如果没有设计任何机制，那么只能依靠快递员自己通报，这就是非受控触发机制。但如果为快递员提供每小时报平安系统平台，超时未汇报系统会自动发短信询问，进而发出警报，由监控人员直接询问，这种主动搜索事件并触发流程的机制就是受控触发机制，优化了端到端的流程，提高了运行效率。

15.7 优化流程审核体系

企业通过流程的各阶段，可以建立以战略为导向的、与企业内外部环境相适宜的流程体系，通过流程体系的运作来保证企业战略目标的实现。

然而，流程体系是否充分适宜、有效率？是否得到了有效执行？运行结果能否满足战略目标的要求？这些问题更为重要。

虽然企业可以通过流程绩效评估、客户满意度调查等方式对流程体系进行评估，但这并不是全局性、系统性的。而流程审核体系最重要的特点就是系统性，它是对流程体系的一种全面评估，发现流程体系中存在的全局性问题，推动企业流程体系做全局性改善。

因此，企业不断优化流程审核体系同样很重要，具体有四个角度。

1. 充分性

流程审核体系的充分性是指不论流程是否形成了文件，它都真实存在。流程审核体系的充分性追求的是流程管理方式的充分性。

2. 符合性

即是否按流程体系设计的要求实施，也就是执行与制度的符合性。

3. 有效性

即审核运行结果是否达到了流程体系的目标，企业通常根据经营目标来进行流程体系的评估。

4. 效率

即流程体系设计本身是否卓越，一个卓越的流程体系通常能很好地连接战略目标，使流程设计更为顺畅，线路简洁，避免出现不必要的重复工作。

这四个角度既是流程审核体系的具体内容，又是流程审核体系的优化方向，企业一定要根据自己的实际情况灵活应用，做到最优化。

15.8 优化流程治理体系

流程管理以企业战略为根本点，以客户需求为导向，以配套子流程为辅助，在加强信息化设施建设的基础上，实现企业战略。

目前企业的经营环境有三大特点：顾客主导、市场竞争加剧、市场变化迅速。在这样的背景下，企业传统的以职能为中心的治理模式的弱点越来越明显。因此，很多企业尝试采用基于"流程"的治理方法。

要实现流程体系的优化，其中最重要的有以下四个关键点。

1. 根据企业战略确定流程治理的目标

组织与战略的关系具体为"战略-流程关系"。战略定位由企业执行层面流程的设计、设置及监控目标直接决定。因此流程的改变必须在符合企业整体的战略下进行才能获得成效。

2. 围绕核心业务流程建立流程式组织结构

组织是业务流程的主体，因此组织结构设计应围绕企业核心业务流程，按照流程的需要进行。

3. 构建基于流程的绩效考核体系

员工的职位升迁、奖金分配由绩效考核的结果决定，考核本身对员工的工作成效会产生相应影响。一般来说基于流程的绩效考核体系包括以下四个方面：确立绩效目标和考核标准、设计奖酬内容和分配制度、明确行为导向、建立良好的沟通机制。

4. 建立信息技术平台

企业要想实现有效的流程治理，离不开信息技术的支持，高效的信息技术平台是组织实现以流程为中心的治理模式的重要条件。

企业在构建信息技术平台时，应明确首要目的是构建一个健全的"企业神经系统"，加强企业内部各团队以及合作伙伴之间的协作，打破时空概念，使企业能实现远距离一对一的个性化客户服务。

15.9 水乳交融：IT规划与流程优化相融合

对很多企业来说，由于企业基础管理薄弱，需要根据行业、本企业发展情况不断调整业务单元的职能及各层面流程。而流程和IT是密不可分的两个环节，在应用信息技术时，有必要调整和优化业务流程。

企业如果没有根据IT带来的新形势改革作业流程，即使引进了先进的信息技术也只是固化落后的操作，对很多无效的工作进行计算机自动处理，甚至导致工作效率还不如从前。

目前很多企业，特别是有一定规模的企业，都在关注基于流程分析与优化为基础的IT规划，进行流程优化和组织设计，确立未来信息系统蓝图、实施计划、运营维护策略等。然后根据此规划，进行具体的管理调整或变革、信息化建设或整合，进行基于IT的流程创新。

无论是IT规划前的流程调研与分析，还是具体的IT/IS系统实施前的流程优化工作，都可以借助IT规划项目完成。对流程进行梳理、汇总、整合、分析，是IT规划中发掘IT价值、制定应用蓝图的方法之一。

流程与IT结合的具体方法有很多。比如，ERP（Enterprise Resource Planning，企业资源计划，以改善企业业务流程，提高企业竞争力为目的信息系统）实施之前，要先进行组织设计、流程设计、配套设计，然后基于这些设计和具体ERP软件设计解决方案，在ERP中实现新的管理方法。大多ERP都要先进行现状流程的分析与优化，进而基于ERP产品设计出解决方案。

企业通过IT规划与流程优化这两点的结合，能实现流程的汇总与补遗、对接与整合，使得流程收集得更为全面、准确和及时。同时基于业务流程总图，评估现状应用、设计未来应用蓝图。在该流程中，需要有应用系统、工具做支撑。流程管理明确了IT作用的发挥方向，给出了IT作用准确发挥的作用点，而IT规划为流程管理提供了强有力的信息化支撑。